I0095526

Jesús García

"El Chapo" Más allá de la duda razonable

escribana books

Nueva York, 2021

"El Chapo": Más allá de la duda razonable

ISBN—13: 978-1-952336-03-4
ISBN—10: 1-952336-03-1

Design: © Carlos Velásquez Torres
Editor in chief: Carlos Velásquez Torres
E-mail: carlos@artepoetica.com
Mail: 38-38 215 Place, Bayside, NY 11361, USA.

© "El Chapo": Más allá de la duda razonable. Jesús García, 2021.
© "El Chapo": Más allá de la duda razonable, for this edition Escribana Books an Inprint of Artepoética Press, 2021.

All rights reserved. No part of this publication may be reproduced, distributed, or transmitted in any form or by any means, including photocopying, recording, or other electronic or mechanical methods, without the prior written permission of the publisher, except in the case of brief quotations embodied in critical reviews and certain other noncommercial uses permitted by copyright law. For permission requests, write to the publisher, addressed "Attention: Permissions Coordinator," at the address below: 38—38 215 Place, Bayside, NY 11361, USA.

Todos los derechos reservados. Esta publicación no puede ser reproducida, ni en todo ni en parte, ni registrada en o transmitida por, un sistema de recuperación de información, en ninguna forma ni por ningún medio, sea mecánico, fotoquímico, electrónico, magnético, electroóptico, por fotocopia, o cualquier otro, sin el permiso previo por escrito de la editorial, excepto en casos de citación breve en reseñas críticas y otros usos no comerciales permitidos por la ley de derechos de autor. Para solicitar permiso, escríbale al editor a: 38—38 215 Place, Bayside, NY 11361, USA.

Jesús García

"El Chapo"
Más allá de la duda razonable

escribana books

Contenido

A mis padres… hasta donde se encuentren.

A mi familia, que siempre halla los caminos del reencuentro.

A Elías, gracias por apuntalar mis sueños.

Introducción

La primera vez que escuché el nombre de "El Chapo" fue en enero de 2001, cuando los noticieros informaron que había escapado de la prisión de Puente Grande, en Guadalajara. Llevaba escasos dos meses en México, era un joven periodista a punto de comenzar a laborar para un periódico en inglés en el Centro Histórico de la Ciudad de México, y apenas empezaba a aprender sobre estos líderes del narco y sus millones de dólares manchados de sangre. En aquel momento, la leyenda de Joaquín Guzmán apenas comenzaba y otros gánsters como los hermanos Arellano Félix y Osiel Cárdenas, dominaban los titulares. "El Chapo" era uno de los tantos narcotraficantes en el floreciente negocio mexicano del tráfico de marihuana, cocaína, heroína y metanfetaminas hacia los Estados Unidos, hogar del mercado de drogas ilegales más grande del planeta.

Los años siguientes escuché el nombre de "El Chapo" repetirse una y otra vez, lanzado en los noticieros, ser parte de los versos en corridos o susurrado en las esquinas de las calles. Vi su nombre garabateado en trozos de cartulina al lado de cuerpos apilados: "Atentamente El Chapo", decían, marcando el territorio con sangre. Había entonces otros reyes del narco, pero el nombre de "El Chapo" destacaba de entre todos, por ello se convirtió en la personificación de los narcotraficantes y se hizo legendaria su habilidad para escapar de la justicia. Su captura, su segundo escape, su entrevista con Sean Penn y su última reaprehensión contribuyeron a lanzar su mito a la estratósfera, dándole una infamia global junto a Al Capone y Pablo Escobar, el más famoso de los gánsters en el siglo pasado.

Cuando finalmente llegué a la sala de la corte en Brooklyn, Nueva York, una mañana helada de enero de 2019, fue extraño ver en carne propia al hombre detrás del mito. Pero los fiscales estadounidenses ciertamente habían preparado un juicio espectacular para estar a la altura de la leyenda, con 58 testigos, incluidos 14 villanos de Sinaloa y Colombia con los que "El Chapo" había trabajado.

Todavía están en debate las razones que llevaron a "El Chapo" a convertirse en alguien mucho más infame que sus cohortes, pero creo que fue una combinación de factores: el descaro de sus fugas; la intensidad de sus batallas territoriales en Culiacán, Ciudad Juárez y Nuevo Laredo; el poder de los corridos; la perpetua atención de los medios en su persona. Además, él es originario del corazón del Triángulo Dorado en Sinaloa, donde nació el narcotráfico mexicano hace más de un siglo, por lo que encajaba en la imagen icónica de los narcotraficantes.

Esta infamia complicaba el caso para los fiscales. Se convirtió en el juicio de más alto rango en años, considerando el récord de muertes por sobredosis en Estados Unidos y una tasa de homicidios en México comparable con las peores zonas de guerra del siglo veintiuno. Los fiscales enfrentaron el desafío sobre si debían juzgar a Guzmán por el asesinato en masa en México o, de hecho, por traficar armas estadounidenses durante este baño de sangre.

Finalmente, los fiscales se enfocaron en los cargos de conspiración de tráfico de drogas, lo más fácil para lograr una sentencia gracias al controvertido alcance de las leyes sobre drogas en los Estados Unidos. Sin embargo, el impacto del caso y las consecuencias de lo que significaría no condenarlo, incluso hicieron que eso fuera un desafío.

Jesús García, quien cubrió el juicio incesantemente, traza de manera experta cómo se construyó este caso y el tiempo que "El Chapo" estuvo ante el tribunal. Es una historia agridulce. Aunque quizás sería peor si un narcotraficante de tan alto perfil hubiera escapado de la justicia.

Sin embargo, considerando el horror de la violencia en México en las últimas dos décadas, este juicio no parece suficiente. En parte por el proceso en sí mismo, aunado a que políticos de alto rango y generales también han sido arrestados por cargos de narcotráfico, como detalla Jesús, aunque quizás estemos acercándonos al verdadero concepto de la justicia.

El drama narrado en estas páginas también muestra las fallas de la guerra contra las drogas y cómo, a casi dos años del juicio de "El Chapo", los muertos por sobredosis y las balas siguen apilándose en ambos lados del Río Grande.

Ioan Grillo
Ciudad de México, noviembre del 2020

Prólogo

El 28 de abril de 1993, la ciudad de México se cimbró con una ejecución en el Parque Hundido, el cual está anclado frente a la Colonia Del Valle, una de las zonas de clase media más populares, a donde todas las mañanas, desde antes del amanecer, decenas de corredores acuden a realizar ejercicio. Aquel día, alrededor de las 8:00 horas, Rodolfo Álvarez Fárber, exprocurador del estado de Sinaloa, iba acompañado de su esposa cuando un par de sicarios lo acribillaron por la espalda. A los pocos días fueron detenidos dos sujetos: Carlos Armando y Adrián Pérez Méndez, presuntos autores materiales del asesinato, pero el 13 de junio del mismo año, las entonces procuradurías generales de Justicia del Distrito Federal y de la República –ambas ahora fiscalías– ejercieron acción penal sin detenidos en contra de Luis "El Güero" Palma y Joaquín "El Chapo" Guzmán Loera, así como del excomandante federal Mario Alberto González Treviño como autores intelectuales de aquella ejecución que sentó el precedente sobre el narco en la capital mexicana. No se había visto algo semejante en la ciudad más importante del país y ocurrió sobre la Avenida de los Insurgentes, una de las más importantes. Fue la primera vez que empecé a poner mayor atención a los personajes centrales del narcotráfico en el país, como Guzmán Loera. Su fama había crecido en los últimos cinco años, pero entonces solamente las autoridades y periodistas expertos en nota roja y narcotráfico conocían detalles de sus actividades. El homicidio del exprocurador Álvarez Fárber se sumó a la lista de hechos que cimentaron la leyenda, que no un mito como su defensa en los EE.UU. afirma, de "El Chapo" Guzmán.

Aquel año, las batallas entre los cárteles de la droga se recrudecieron al grado que el 24 de noviembre un comando intentó liquidar a Amado Carrillo Fuentes cuando cenaba junto con su familia en el restaurante Ochoa Bali Hai. En octubre de 2004 fueron sentenciados a 21 años de prisión dos integrantes del Cártel de Juárez, Alcides Ramón Magaña y Adán Segundo Pérez Canales por aquel ataque. Aunque no estaba directamente relacionado con Guzmán Loera, ese hecho daba cuenta de la forma en que el crimen organizado crecía en México, en un escenario donde "El Chapo" se volvió –y sigue siendo— figura clave.

Aunque seguí el proceso judicial de Guzmán Loera desde 2017 en Nueva York, mi asignación a la Corte del Distrito Este llegó casi un mes después de iniciado el juicio, debido a diversas razones, pero principalmente a la demanda de acreditaciones. De hecho, el día de la primera audiencia decenas de periodistas quedaron afuera, a pesar de que el responsable de prensa del tribunal, John Marzulli –con aval del juez Brian Cogan— había implementado una sala especial con circuito cerrado de video frente aquella donde ocurrían los hechos. Conforme avanzaron las audiencias, menos periodistas acudían a la Corte, pero había un "pool" fijo de una treintena que asistía prácticamente todos los días. A ellos me sumé a diario, haciendo fila a temprana hora para ocupar un lugar en la sala principal. Hay un periodista que afirma que solamente tres reporteros mexicanos siguieron todo el juicio a Guzmán Loera. No entiendo de dónde saca esas conclusiones, pero decenas de periodistas estuvieron presentes y varios del "pool" fijo se perdían algunos de los testimonios. Era imposible seguir todo el juicio. Había demasiada información por cubrir, cientos de documentos, archivos de audio, video, transcripciones, fotografías y la búsqueda de entrevistas que obligaron a alguna vez ausentarse de la sala a la que Guzmán Loera no podía faltar. Hasta la esposa de Guzmán Loera, Emma Coronel, se ausentó algunos días. En enero de 2019, por ejemplo, volvió casi una semana después de las vacaciones, debido a que tenía que cuidar a sus gemelas Emaly y María Joaquina.

El juicio de Guzmán Loera, como lo explico en este libro, fue "uno de los juicios del siglo", no el único, considerando la descripción que las autoridades estadounidenses y los medios de comunicación otorgan a un evento de esta magnitud. A "El Chapo" se le hizo justicia sobre su fama, ya que el proceso fue cubierto por representantes de los principales medios nacionales y extranjeros en Estados Unidos, incluido *El Diario* en Nueva York del grupo Impremedia, para el que laboro y de cuyas crónicas publicadas hay destellos en este volumen. Nuestra cobertura implicó la publicación de varias notas al día sobre lo que ocurría en el tribunal, la explicación de los documentos presentados como pruebas y la búsqueda de entrevistas exclusivas con Emma Coronel y el equipo de defensa, como el abogado Jeffrey Lichtman y la abogada Mariel Colón, quienes siempre fueron amables incluso al declinar responder cuestionamientos comprometedores.

La cobertura de este proceso sigue en pie, ya que después de la sentencia el 17 de julio se realizaron más entrevistas. De la misma manera, procesos judiciales adyacentes a Guzmán Loera continúan, como las recompensas prometidas a algunos de los 14 cooperantes que traicionaron y declararon contra Guzmán Loera, incluida su examante Lucero Guadalupe Sánchez López, "La Chapodiputada"; su compadre y exsocio Dámaso López Núñez, alias "El Licenciado" o "El Lic"; Jesús "El Rey" Zambada García; Vicente Zambada Niebla, alias "El Vicentillo" o "Mayito"; los colombianos Alex o Alexander Cifuentes Villa y Jorge Cifuentes Villa; Pedro Flores, uno de los gemelos que ayudó al Cártel de Sinaloa a distribuir la droga en la costa Este de EE.UU. y cuya esposa escribió un libro alalimón con su concuña sobre cómo decidieron salirse del Cártel de Sinaloa.

Hay anécdotas que este volumen no aborda a fondo, como la visita del actor mexicano Alejandro Edda, quien interpreta a Guzmán Loera en la serie *Narcos* de Netflix —y a quien el narcotraficante saludó de lejos en la sala del tribunal poniendo nervioso al histrión—; el uso de los fiscales de la entrevista realizada por Sean Penn para la revista *Rolling Stone* —que causó problemas legales a Kate del Castillo— para identificar la voz de "El Chapo", o cómo los periodistas llegábamos a las dos o tres de la madrugada para apartar un lugar en la sala de audiencias, las cuales comenzaban a las 9:30 horas.

Este libro se enfoca en el proceso judicial; intenta explicar cómo es que los fiscales lograron construir un complicado caso y cómo las pruebas circunstanciales fueron conectadas a las pruebas técnicas y los testimonios de los 54 testigos, incluidos los 14 cooperantes, 13 de ellos frente al jurado. El exfiscal Daniel Richman, profesor en la Facultad de Derecho "Paul J.

Kellner" de la Universidad de Columbia –quien también se desempeñó como asesor del exdirector del FBI, James Comey— me ayudó a explicar cómo se logró esa conexión y por qué era importante en un caso tan complicado como el que me ocupa. Este trabajo incluso expone por qué el equipo de defensa tuvo un reto mayúsculo, quizá el más complicado en sus vidas profesionales, para defender a una leyenda viviente con creíbles –pero difíciles de probar— acusaciones de corrupción en las altas esferas del Gobierno federal mexicano.

El capítulo "La carta" fue el que me motivó a escribir el libro, en éste abordo cómo fue utilizada la misiva que Guzmán Loera envió a su esposa Emma Coronel, pero que ella nunca recibió, según confirmó en una entrevista en exclusiva. Ese detalle quizá sea menos espectacular que las declaraciones de sobornos a altos mandos policiacos o presidentes en México, pero sirvió a los fiscales para cerrar el cerco legal contra "El Chapo". Otras misivas analizadas, fueron aquellas que el narcotraficante envió a su examante Sánchez López o a su compadre López Núñez, en ellas se describían actos criminales. Dichas pruebas, más que los testimonios, fueron parte sustancial de la llave que ayudó a cerrar la celda en la Prisión de Máxima Seguridad (ADX o ADMAX, en inglés) ubicada en Florence, Colorado.

Aunque no me enfoco en la entrañable amistad que entablé con varios miembros del equipo de reporteros que cubrieron el juicio, a fuerza de vernos todos los días y padecer juntos el frío de invierno y la incomodidad del piso ante falta de sillas afuera de la Corte, así como correr de un lado a otro en busca de alguna declaración adicional de los abogados, los fiscales o Emma Coronel, no puedo dejar mencionar la gratitud y el conocimiento que obtuve de varios de ellos. Hay una crónica excelentemente escrita por Alejandra Ibarra en *El Chapo Guzmán: el juicio del siglo* (Aguilar, 2019) que dan cuenta de esas relaciones y anécdotas, pero también están las reseñas televisivas especiales de mis colegas Laura Sepúlveda para Voz de América, Marisa Paredes para Televisa y María Santana para CNN en Español. No puedo dejar de mencionar el apoyo incondicional de Víctor Sancho, corresponsal del periódico mexicano *El Universal*, ni el maravilloso reencuentro que significó Silvina Sterin, quien con ocasión a su partida me tomó una fotografía tecleando solo en la sala del tribunal habilitada como espacio para la prensa. Hay nombres, varios, que se me escapan, pero están presentes.

Mi objetivo no es orientar a los expertos ni periodistas avezados en temas de narcotráfico, sino aquellas personas poco cercanas a procesos judiciales en EE.UU. y, en especial, en el caso de Guzmán Loera, porque es común escuchar las populares frases: "Ah, eso ya se sabía" o "Ah, eso era obvio". Quizás. La pregunta es por qué eso que "ya se sabía" o "era obvio" pudo ser demostrado y qué tan complicado fue hacerlo.

Tardarme en publicar este libro me dio tiempo de involucrarme y explicar el proceso en contra de Genaro García Luna, el exsecretario de Seguridad Pública del presidente Felipe Calderón, señalado por "El Rey" Zambada en sobornos del Cártel de Sinaloa a cambio de protección. Este caso es sustancial, porque, como explica en una entrevista el periodista Édgar Monroy, permite entender por qué hay "Chapos" o líderes del narco como él. Hay incluso algunas conexiones inesperadas entre pruebas presentadas y videos sobre los que Monroy tiene conocimiento.

Guzmán Loera seguirá su batalla en el Segundo Circuito de Apelaciones. ¿Es posible que salga de prisión? Ojalá tuviera esa respuesta. Será interesante ver cómo sus abogados defienden lo que, a ojos de la opinión pública, es indefendible, pero –como todo inculpado— tiene derecho a apelar.

1. Un operativo fallido…
que sí funcionó

El 22 de febrero de 2012, para los turistas de Cabo San Lucas pasó inadvertido un intenso operativo de la Policía federal y el Ejército mexicano con apoyo del agente especial del Buró Federal de Investigaciones (FBI) de los Estados Unidos, José Moreno, quien tenía información de la ubicación precisa del llamado "enemigo público número uno" de su país, marcado entonces con una recompensa de cinco millones de dólares. A pesar de que el oficial estadounidense había proporcionado las coordenadas correctas, obtenidas del sistema de comunicaciones del Cártel de Sinaloa –sin que sus miembros lo supieran–, los militares mexicanos acudieron a Hacienda Encantada, pero a una casa distinta del complejo turístico—habitacional, aunque afirmaron a sus contrapartes estadounidenses que se habían equivocado y por eso habían llegado dos horas tarde al punto convocado. Para entonces, Joaquín "El Chapo" Guzmán Loera, uno de los líderes de la organización criminal más añeja en México –fundada en los años setenta— había escapado saltando una barda del inmueble donde llevaba hospedado varios meses. Tras lograr la huida, el narcotraficante –quien no sabía que su sistema telefónico era vigilado—llamó a su esposa Emma Coronel, para darle unas cuantas instrucciones, incluso comprarle el tinte para pintarse el bigote. La movilización pareció un rotundo fracaso, porque las autoridades no pudieron detener a Guzmán Loera, pero esa sensación de "fracaso" se desvanecería con los años, ya que gran parte de lo encontrado en la casa —valuada en un millón de dólares de entonces— sumó información clave, que los fiscales federales utilizarían en la Corte Federal del Distrito Este de Nueva York, con sede en Brooklyn, para el llamado "Juicio del Siglo". Ese miércoles ocurrió una de las escabullidas de "El Chapo", pero lejos está de considerarse un fracaso. El tiempo brindó al Gobierno de los Estados Unidos la oportunidad para aprovechar los hallazgos en aquella vivienda que sirvió de refugió a Guzmán Loera, luego de haber dejado las montañas de Sinaloa, donde huía de casa en casa del Ejército mexicano, apoyado con un círculo de seguridad de tres niveles y los "pitazos" de la Policía Federal, ya que el capo tenía comprados a algunos de sus mandos.

***

Durante el juicio en Brooklyn, presidido por el juez Brian Cogan, los ayudantes del Fiscal del Distrito, Richard Donoghue, llamaron a rendir testimonio al agente Moreno, quien narró el operativo realizado en Cabo San Lucas –también conocido como Los Cabos, debido a que se ubica cerca de Cabo San José—, donde además narró los videos y fotografías presentadas como pruebas. Ese testimonio parecía no llevar a ningún lado. Los periodistas cuestionaban la importancia de las declaraciones, debido a que se habló de unos jeans talla 32 x 30, de unos tenis Nike talla 9 y playeras marcas Lacoste y Banana Republic, resultaban detalles innecesarios... pero todo estaba en los detalles. Los fiscales federales Gina Parlovecchio, Andrea Goldbarg, Michael Robotti, Patricia Notopoulo, Hiral Mehta, Adam Fels, Lynn Kirkpatrick, Amanda Liskamm, Anthony Nardozzi, Michael Lang y Brett Reynolds, se habían encargado de construir el caso con pequeños hallazgos que se fueron haciendo más grandes. Fue entonces que el operativo tomó sentido, a pesar de la huida de Guzmán Loera, el testimonio de Moreno era uno de los que comenzaría a darle forma. Después, los grandes socios del "Chapo", Jesús "El Rey" Zambada García, Vicente Zambada Niebla, alias "El Vicentillo" o "Mayito", Dámaso López Núñez, "El Lic", Alex Cifuentes Villa, Jorge Cifuentes Villa hablaron de cómo hicieron negocios con él. Las afirmaciones fueron brutales, pero todo estaba quedando al nivel de "él dice, ella dice", ahora les tocaba a los fiscales conectar esos dichos con datos duros, como se diría en el argot periodístico.

***

El equipo de defensa de Guzmán Loera parecía querer burlarse de aquellas pruebas que calificaron de circunstanciales. Los defensores consideraban que nada se podía probar contra su cliente con tales evidencias, que eran —desde su punto de vista— elementos insustanciales.

Su cliente, "El Chapo", sin embargo escuchaba atento a uno de los traductores, quien le hablaba al oído, porque él no podía utilizar los audífonos que le proporcionaban las autoridades, debido a un problema en el oído que se recrudecía –alegaban los defensores—por el sonido del sistema de ventilación del Centro Correccional Metropolitano de Manhattan, donde su cliente estaba encerrado, en el Ala 10, en total aislamiento: 23 horas en su celda, una hora de ejercicio en una bicicleta instalada en un cuarto con un televisor de tres canales en español, sin derecho al aire libre. Guzmán Loera no perdía detalle de aquella descripción del agente Moreno, también puso atención a los videos y las fotografías presentadas.

***

Aunque sabían que "El Chapo" ya no se encontraba en esa vivienda, los oficiales mexicanos y el equipo de 13 agentes federales estadounidenses revisaron la casa y detuvieron a tres personas, entre ellas, una joven, de entre 20 y 25 años, llamada Agustina Cabanillas Acosta, entonces amante del narco, y una mujer mayor, María Macías, una de sus ayudantes. El agente Moreno videograbó parte de la casa, además de que sus colaboradores tomaron fotografías. El FBI se quedó con esa evidencia.

Parte de la grabación fue presentada en la Corte de Brooklyn, dividida en cuatro clips, que mostraron el inmueble por dentro y por fuera, así como la privilegiada vista al mar Pacífico.

"Este es el garage donde los vehículos fueron encontrados, junto con las armas", se escucha al agente Moreno decir en inglés en uno de los videos que muestra el estacionamiento vacío. Afuera está un grupo de cuatro oficiales platicando, pero no se escucha lo que dicen. El clip dura apenas nueve segundos.

En otro video, también de nueve segundos, pueden verse los pisos de mármol de lo que parece una sala, así como una puerta corrediza que dirige a una terraza coronada con una fuente vertical. El día está nublado, hay viento, pero al fondo se puede ver el mar azulado. La cámara hace un ligero paneo hacia otras de las villas. Las imágenes establecen el escenario en el que Guzmán Loera estuvo escondido varios días.

"¿No se habrá escapado el güey por este lado?", se escucha en español en otra grabación de cinco minutos que comienza con un recorrido por un jacuzzi de dos piezas al aire libre y una terraza que da a una de las salidas del inmueble. La cámara guía hacia una zona de plantas en desnivel donde se puede ver al fondo una parte con arena de mar, y hay varias pisadas. Ahí fue donde surgió la pregunta de quién grababa. La cámara muestra las casas de al lado y hace un paneo hacia la contra fachada de la vivienda de Guzmán Loera estilo californiano, pintada de amarillo canario. "¿No se habrá escapado el güey por este lado?", habría dicho quien grababa. La única respuesta que recibe es el ruido del viento. El paneo de la cámara continúa y al fondo se escucha una voz que muestra sorpresa por el lujo del inmueble. La cámara llega al espacio que originalmente se veía como un jacuzzi doble, en realidad es una pequeña alberca con un tobogán. "¡Qué pedo!... ¿Te imaginas cómo hacerle pa' mantener todo esto? ¡No manches!". Tampoco hay respuesta a esa expresión de asombro por el lugar de descanso al que pocas personas podrían acceder, debido a su alto costo. La imagen nos lleva entonces a parte del jardín, donde hay una buganvilia en una esquina, totalmente floreada, color violeta. La cámara avanza a otra dirección, hacia donde se ubican unas escaleras circulares. "Las camionetas ya las sacamos, ¿verdad?", se escucha decir la misma voz en *off*. "¿Los que estaban aquí?", se escucha otra voz. Quien opera la cámara se dirige al interior de la vivienda, directo a una habitación, donde la cama luce completamente desordenada, con las sábanas y cobertor hecho bolas y ropa encima, incluidos unos jeans y camisetas. En el piso se ven algunos papeles de los que no se puede identificar contenido. El recorrido continúa hacia el baño, donde el mueble debajo del lavamanos tiene las puertas abiertas; sobre éste hay una caja de un iPhone sin abrir, toallas para manos, pasta de dientes Colgate y un cepillo. El reflejo de quien graba el video se ve en el espejo, pero su rostro no se distingue, solo su camiseta blanca y la luz que ilumina su paso mientras sigue grabando. El hombre echa un vistazo al closet, el cual ya ha sido revisado, es posible saberlo porque está completamente desordenado, incluso se abrió un compartimento en el techo, que parece que oculta parte de las instalaciones eléctricas y de plomería de la vivienda. El recorrido continúa por otra habitación, donde hay dos camas, más desordenadas que la primera, con los colchones fuera de su base, también con ropa encima, además de cables, posibles cargadores de celulares. En el piso hay papeles por todos lados. El baño tiene casi los mismos productos que el otro, además de una crema, todo está en desorden, también el closet que se encuentra a un lado. El hombre sale de las habitaciones de ese primer piso y se dirige a las escaleras. "Chinga…", susurra antes de subir. Un policía con un arma larga cruza el pasillo que ya alcanza a verse cuando el hombre todavía no termina de subir las escaleras, en cuyo final se topa con una caja de un producto deportivo, para entrenar "push ups". Al girar hacia una de las habitaciones, el espectador puede ver otra vez el reflejo de quien graba, con la luz que impide ver su rostro. Susurra algo indescifrable. No se detiene. Llega a una habitación más grande. "Quizá sea el cuarto donde se quedaba", se escucha decir en referencia a Guzmán Loera. Frente a la cama desarreglada hay tres aparatos de ejercicio: una bicicleta estacionaria, una corredora y un aparato para entrenar los brazos y espalda, todos se ven nuevos. "Es lo que dijo que éste era el de él", comenta alguien. Una onomatopeya de afirmación es la respuesta. La imagen lleva a la cama, donde se ve el estuche de unos lentes y una gorra negra, similar a aquellas con las que "El Chapo" fue fotografiado en otros momentos. "Esta era de él yo creo, ¿tú crees?", se escucha al tiempo que una mano mueve la gorra negra y se encuentra con el estuche vacío de toallas húmedas y una bolsa transparente de plástico que contiene algo color crema. "¿Qué es eso?", expresa la misma voz. "¿Qué será eso?", repite la voz. Alguien toma la bolsa y afirma: "Mmm… chocolate". Una voz femenina afirma que eso es. "No encontraron nada abajo, ¿verdad?", expresa el hombre en referencia al colchón. "No la hemos volteado", responde una mujer. En el piso hay un estuche de pastillas, son de "esomeprazol", marca Nexium, para la gastritis. El huésped de esa habitación se tomó al menos una. La cámara recorre el buró donde hay un paquete de servilletas suaves y una caja de chicles, continúa hasta una mesa donde hay unos tenis marca Nike color negro, modelo "Shok", se puede leer cerca de la suela. Quien graba muestra que son talla 9 de Estados Unidos, de 27 centímetros y dirige la suela casi nueva a la cámara. El video termina cuando quien realiza el tour recoge una gorra color beige.

Un cuarto video es de apenas 17 segundos, donde se muestra una cocina amplia, estilo rústico mexicano, bien equipada con un refrigerador de doble puerta, horno de microondas, una estufa de al menos seis parrillas. La bodega para alimentos es mediana y tanto ese espacio como la cocina han sido revisados, es posible saberlo porque la cámara grabó el desorden.

No hay una narración real de los hallazgos que se muestran, la duración de la grabación completa se desconoce. Lo único que se mostró en el juicio en la Corte de Brooklyn fueron pequeños fragmentos, con los que los oficiales del FBI querían dejar constancia. Eso se supo después.

***

El 21 de febrero de 2012, el agente José Moreno llegó a Monterrey, Nuevo León, a "apoyar las investigaciones de las actividades del cártel", según testificó durante el juicio a Guzmán Loera. Su experiencia profesional incluye cinco años como Investigador de la Escena del Crimen (CSI) en Sacramento, California, expuso cuando el fiscal pidió que describiera sus "credenciales". Llegó a México a liderar un equipo de 13 personas y en la corte afirmó que estuvo entre el 21 y el 26 de febrero del 2012, pero que el FBI no puede dirigir operativos en ese país, así que sus miembros deben colaborar como una especie de asesores en el caso de operativos. Formó parte de un equipo interinstitucional formado por miembros del Ejército, la Marina y la Policía Federal mexicanas, a quienes proporcionaba información de dónde podía estar localizado Guzmán Loera, por lo que acudieron a varios puntos sin lograr la captura del mexicano. Sus informes de inteligencia –que después se supo fueron reportes de espionaje del sistema de comunicaciones del Cártel de Sinaloa— dirigieron al equipo a un inmueble en Cabo San Lucas. Esa era la labor principal de Moreno: localizar al hombre más buscado por su Gobierno. En la Hacienda Encantada citó a sus contrapartes mexicanas a la 1:30 p.m., pero llegaron a las 3:30 p.m. "Llegaron dos horas más tarde", dijo. La excusa fue que se habían equivocado de vivienda. En aquel año los medios mexicanos describieron que las autoridades federales habían acudido a otro terreno, dando oportunidad a Guzmán Loera de escapar. Moreno afirmó desconocer por qué los agentes no acudieron al punto referido. A pesar de que llegaron tarde, se hizo el cateo de la vivienda, donde encontraron a tres personas, entre ellas a Agustina Cabanillas, una de las amantes de "El Chapo". La fotografía de la joven se mostró en la Corte de Brooklyn en varias ocasiones, pero esa fue la primera. Moreno –cuyo testimonio fue de apenas unas tres horas— afirmó que también se encontraron armas y granadas en el inmueble, pero eso no fue lo más importante. Los fiscales comenzaron a apuntalar técnicamente su narrativa judicial contra "El Chapo". La experiencia de Moreno como CSI fue de gran ayuda.

***

El testimonio del oficial Moreno despertó dudas entre periodistas sobre lo que realmente podría aportar, sobre todo porque el fiscal pidió al agente especial describir 31 fotografías, las cuales –por sí solas—podrían decir poco. Él intentó darle sentido a cada imagen, comenzando por una que mostró la etiqueta de unos jeans Levi's, modelo 527, talla 32 de cintura por 30 de largo. Habló también de la gorra negra encontrada en la cama, como las que supuestamente usa el inculpado. Cuando llegó el turno del abogado de Guzmán Loera, Eduardo Balrezo, éste custionó al oficial del FBI sobre cómo sabía él que los objetos anteriormente mostrados perteneían al inculpado. Moreno respondió que lo sabía porque a quien buscaban en esa hacienda era a él. Balarezo cuestionó si hubo pruebas de ADN que permitieran confirmar los dichos. "No", fue la respuesta. El agente Moreno agregó que los tenis marca Nike, talla 9 de Estados Unidos, también eran del acusado, al tiempo que reconoció las imágenes del interior y exterior de la vivienda donde se hizo el operativo. En las fotografías se mostraron detalles que no fue posible detectar con el movimiento de la cámara en la grabación, como cargadores de celulares en la barra de la cocina.

En el audio de la grabación se habló de autos. Las fotografías mostraron uno con placas CZL-84-67 de Baja California Sur, una camioneta gris. También se mostró la imagen de un helicóptero y de al menos 11 celulares BlackBerry, los cuales eran utilizados en el sistema de vigilancia especial que el Cártel de Sinaloa mandó instalar, algo que todavía no se sabía a esa altura del juicio.

***

El documento marcado como la evidencia 218-27T del proceso judicial contra Guzmán Loera, cuyo número es 09-CR-466 (BMC) "USA versus Guzmán

Loera et. al." es la clasificación de todo los datos y objetos considerados importantes encontrados en el inmueble de la Hacienda Encantada. El proceso fue realizado en la oficina del FBI en Miami, Florida, por el oficial Eric Scott McGuire y revisado por la agente Sherina F. Archambaud. El archivo fue registrado como "245B-MM-4572220-CHAPO", pero también conocido como "Fotos del Operativo en Cabo". Moreno afirmó al abogado Eduardo Balarezo, abogado de "El Chapo", que sus videos y fotografías las entregó a la oficina del FBI en Nueva York, pero terminaron siendo procesadas en otra sede. La fecha de finalización de ese documento fue el 9 de julio de 2018, cuatro meses antes de que comenzara el juicio en la Corte de Brooklyn.

Además de las descripciones de lo encontrado, el informe tiene precisiones sobre la traducción que se hizo del español al inglés, incluso lo complicado que fue traducir parte de lo hallado en cuadernos y otros documentos, como la palabra "hojas", que –indican—podría referirse a hojas de papel, hojas de árbol o cuentas, según su interpretación, por lo que decidieron dejarlo en español, "porque el contexto en el cual es usado no siempre es claro", indican. Otro término es "clavos de trailers (sic)", que hace referencia al sentido figurado de un compartimento secreto para un tráiler. Se agregó que algunos documentos fueron trasladados como "un resumen" con la intención de destacar solamente información considerada importante.

El reporte comienza con una fotografía de celulares BlackBerry hallados en la vivienda y continúa con la imagen de un cuaderno con el siguiente listado:

25F580FC Kanam
Asunto de Colombia
Licenciado Omar
Asunto de Casino Monterrey
4048327 Tostash
Sr. Clavos de trailers
232F37D0 Wero
Pagos de frijol
26245028 Jobin
Asuntos cocineros
6268939266 Joaquin arki (sic) asunto de la bodega en Calexico
82182003434 Sr. Maik (sic)
Propuesta para sembrar en California

El reporte de 84 páginas parece aportar poco sobre el juicio, pero ofrece información que sería cruzada con otras fuentes, principalmente resultado del espionaje que autoridades de los Estados Unidos realizaron al sistema de comunicación de Guzmán Loera, pero también se pidió a otros testigos explicar esa información y sus códigos, como el de los "clavos de tráileres". El cuaderno es una combinación de agenda con números de contactos telefónicos o el PIN (número para chatear) de la Blackberry, así como apodos o nombres de pila de algunos personajes difícilmente identificados sin el contexto adecuado. En resumen, seguía pareciendo que lo encontrado en la vivienda de la Hacienda Encantada era prácticamente nada.

"Calexico", "California", "Washington" y "Nebraska" son algunas de las ciudades y entidades de los Estados Unidos que están escritas en esas libretas, y se se supone forman parte de la evidencia que tiene el Gobierno mexicano. La administración estadounidense tenía las imágenes y las utilizó al máximo. Mientras que la administración mexicana solo levantó 10 cargos en contra de Guzmán, la estadounidense ya contaba con 27 agravantes, relacionadas con el tráfico de drogas, es decir, su producción, transporte y distribución en los Estados Unidos. Los fiscales federales presentaron evidencia de ello durante todo el juicio, detalle tras detalle. El reporte que el FBI concretó en Miami fue una pieza fundamental, porque hizo una descripción de lo encontrado en el operativo fallido que resultó, al final, bastante útil.

"Como se demostró en el juicio, Guzmán Loera fue un líder principal del Cartel de Sinaloa, una organización internacional de narcotráfico con sede en México responsable de importar y distribuir grandes cantidades de cocaína, marihuana, metanfetamina y heroína a los Estados Unidos", escribió el Departamento de Justicia en un comunicado del 12 de febrero, luego de que Guzmán Loera fue hallado culpable de todos los cargos. "Las pruebas en el juicio, presentan el testimonio de 14 testigos colaboradores; incautaciones de estupefacientes por un total de más de 130,000 kilogramos de cocaína y heroína; armas, incluidas las AK-47 y un lanzagranadas; libros de contabilidad; mensajes de texto; videos; fotografías y grabaciones interceptadas, detallaron la actividad de narcotráfico de Guzmán Loera y sus cómplices durante un período de 25 años desde enero de 1989 hasta diciembre de 2014", continúa el resumen de las autoridades. La referencia a videos, fotografías, libros de contabilidad, obedecen en gran medida a lo encontrado cinco años antes en aquel paraíso turístico de Baja California Sur.

El narcotraficante colombiano Alex Cifuentes Villa, uno de los testigos clave del juicio, quien había vivido con Guzmán Loera, habló de los negocios de droga que el mexicano tenía en algunos países, como Colombia, Ecuador, República Dominicana, Estados Unidos y Canadá. En el cuaderno hallado en la vivienda de Cabo San Lucas había referencias al último país, particularmente una dirección en Victoria. No hay más detalles. También hay una dirección en un puerto del estado de Washington.

Aquel comunicado del Departamento de Justicia menciona las transacciones que "la empresa" de Guzmán Loera hizo en Estados Unidos y que los fiscales demostraron en el juicio, aunque la defensa del mexicano cuestionó sin mucho éxito.

"Guzmán Loera supervisó el contrabando de narcóticos a distribuidores mayoristas en Arizona, Atlanta, Chicago, Los Ángeles, Miami, Nueva York y otros lugares", dice el reporte. En las fotografías tomadas en la casa de Hacienda Encantada se pueden leer algunos de esos "otros lugares", como Washington y Nebraska.

El caso contra Guzmán Loera no se persigue en una sola línea. Está ligado a otras investigaciones. Incluso no es el caso central. El proceso que podría llamarse "raíz" es el 09-CR-0046, "USA v. Beltran-Leyva et. al.", es decir, los hermanos Arturo y Héctor, los primeros socios de "El Chapo" con quienes terminó por separarse y en guerra. El mismo proceso incluye a Ignacio Coronel Villareal, Ismael "Mayo" Zambada García y Jesús Zambada-García (cerrado el 24 de enero de 2013). "El Chapo" es el acusado número cuatro.

***

El Distrito Este de Nueva York se ha convertido, al igual que varias cortes en Florida, Illinois, California, Texas y Washington D.C., en uno de los más exitosos en la persecución de narcotraficantes locales y extranjeros. El más reciente caso de alto impacto revelado es el del general mexicano Salvador Cienfuegos Zepeda, alias "El Padrino" o "Zepeda", a quien un Gran Jurado lo acusó de tres cargos de conspiración por tráfico de drogas y uno más por lavado de dinero. Su caso se manejó en secreto máximo, incluso –se dice– para el Gobierno mexicano, ya que las acusaciones en su contra fueron integradas en el tribunal el 14 de agosto de 2019, pero su detención ocurrió el 15 de octubre de 2020. El 1 enero de enero del 2020, los fiscales federales reportaron que el "objetivo" seguía prófugo, perseguido por la DEA.

El impacto político en la guerra contra el narcotráfico se resolvió pronto. A pesar de haber sido secretario de la Defensa en el sexenio de Enrique Peña Nieto, el segundo sexenio que sumaba miles de muertos y desaparecidos, el presidente López Obrador lo defendió públicamente. Los opositores al gobierno de Andrés Manuel López Obrador se abalanzaron a señalar que el presidente mexicano enfrentaba serios problemas, ya que había puesto demasiada confianza en el Ejército mexicano, sin precisar que el líder de la llamada Cuarta Transformación ni siquiera había tomado en cuenta las sugerencias de Cienfuegos Zepeda para ocupar el máximo cargo en las Fuerzas Armadas, aunque le había pedido propuestas formales. Un punto que pierden los analistas políticos y de geopolítica extranjeros sobre lo que ocurre en México y Estados

Unidos es que las instituciones lidian con instituciones, su relación es transexenal en el caso mexicano o cuatrianual en el caso estadounidense, pero este caso daría un giro a cómo se utilizan esas instituciones. Mis fuentes en el Gobierno me indican que el presidente López Obrador tuvo reportes de corrupción en la Armada, pero no había claridad del nivel, aunque su confianza se postró en Luis Crescencio Sandoval, quien no es gente de Cienfuegos Zepeda. Es decir, el presidente mexicano se cubrió la espalda. No podía nombrar a alguien cercano al anterior exsecretario cuando sabía que la mayor parte de las instituciones del Gobierno relacionadas con la aplicación de la justicia y la lucha contra el narcotráfico estaban infiltradas a distintos niveles. Sí, hay dos generales en puestos clave cercanos a Cienfuegos Zepeda, pero no esenciales, removibles. El que preocuparía más sería Pedro Felipe Gurrola Ramírez, quien el 3 de diciembre de 2018 fue nombrado Comandante de la V Región Militar, que comprende los estados de Jalisco, Colima, Aguascalientes, Zacatecas y Nayarit, una zona caliente donde operan el Cártel Jalisco Nueva Generación y el Cártel de Sinaloa, pero donde también actuaría el Cartel H-2, que era liderado por Juan Francisco Patrón Sánchez, alias el "H2" o "El Chico", uno de los líderes del Cártel de los Beltrán Leyva, de donde surgió el Cártel de Sinaloa, para luego convertirse en enemigos mortales. Patrón Sánchez fue abatido por las Fuerzas Armadas el 9 de febrero de 2017, en Tepic, México. La DEA encontró los nexos entre el general Cifuentes Zepeda y el "H-2".

El presidente López Obrador no estaba feliz con la detención de Cienfuegos Zepeda, pero tampoco le sorprendió. Mis fuentes me dicen que había

necesidad de mantenerlo al margen, aunque estratégicamente pudiera tomar en consideración a algunos
de sus generales cercanos, después de todo, estos militares de amplia carrera conocen el teje y maneje en
las distintas regiones. Tras bambalinas se armaba la
estrategia para defenderlo y obligar al gobierno de
EE.UU. a devolverlo a México.

"En el caso particular del general Luis Crescencio
Sandoval González, lo propuse luego de hacer una
investigación a fondo. Y no surge su nombramiento
de los que se proponían en ese entonces por parte de
la Secretaría de la Defensa, es decir, no fue propuesto
el general Sandoval por el entonces secretario de la
Defensa. Y se puede decir que no le correspondía al
secretario de la Defensa proponer, pero yo les pedí,
tanto al secretario de Marina como al secretario de
la Defensa de entonces que me presentaran opciones, que me propusieran ternas, y en ninguno de los
casos, ni en Marina ni en Defensa, tomé en consideración esas propuestas", dijo el Presidente mexicano
tras la detención de Cienfuegos Zepeda. Sus enemigos creían lo contrario. No es que López Obrador no
confiara en "El Padrino", sino que pretendía marcar
su propia ruta militar con aquel a la sombra, aunque
terminó siendo un personaje clave para entender la
relación que el mandatario tiene con el Ejército.

El caso de "El Padrino" no está directamente relacionado con "El Chapo" o el Cártel de Sinaloa, sino
con sus enemigos, pero las autoridades estadounidenses han logrado sacar ventaja de las declaraciones
de altos líderes del narco, pruebas y otras fuentes policiacas. Destaca que el general Cienfuegos Zepeda
ayudara al "H-2" a ubicar a sus enemigos, miembros
de distintos grupos criminales entre los que estaban

el Cártel de Sinaloa, para matarlos o bloquear sus operaciones.

"La evidencia obtenida por los funcionarios encargados de hacer cumplir la ley, incluida la interceptación de miles de comunicaciones de Blackberry... ha revelado que, mientras era Secretario de Defensa Nacional en México, el acusado, a cambio del pago de sobornos, ayudó al Cartel H-2 de numerosas maneras, incluso mediante: (i) asegurar que no se llevaran a cabo operaciones militares contra el Cartel H-2; (ii) iniciar operaciones militares contra sus organizaciones rivales de narcotráfico; (iii) localización de transporte marítimo para cargamentos de drogas; (iv) actuar para expandir el territorio controlado por el Cartel H-2 a Mazatlán y el resto de Sinaloa; (v) presentar a los principales líderes del Cartel H-2 a otros funcionarios corruptos del gobierno mexicano dispuestos a ayudar a cambio de sobornos; y (vi) advertir al Cartel H-2 sobre investigaciones policiales estadounidenses en curso sobre el Cartel H-2 y su uso de testigos e informantes cooperantes", indica el documento seis del caso 1:19-cr-00366-CBA-SJB del 15 de octubre de 2020.

"El Padrino", entre otras cosas, habría ayudado al "H-2" a localizar a un supuesto traidor que colaboraba con la DEA a quien mandó matar. Ahí se cometieron dos errores: el personaje no colaboraba con las autoridades estadounidenses, pero éstas afinaron la mira hacia el general.

El presidente López Obrador aprovechó su cercanía con el gobierno de Donald Trump para pedir el retorno de "El Padrino", pero también amenazó con retirar a la DEA de México. El 18 de noviembre del 2020, la jueza Carol Bagley Amon cuestionó a fiscales estadounidenses el retiro de las acusaciones contra el militar. "Entiendo que esta fue una decisión a los más altos niveles de gobierno", expresó la jueza. "Sí, su honorable", dijo un tanto nervioso Seth D. Ducharme, fiscal en funciones del Distrito Este. Esa fue una de las decisiones de las que más tarde se arrepentiría el Departamento de Justicia, cuando la Fiscalía General de México aseguró que ninguna de las pruebas presentadas por la DEA "eran suficientes" o "creíbles". Una osadía considerando que el sistema judicial mexicano es uno de los más corruptos del mundo. El presidente incluso se dijo "decepcionado" por la investigación hecha por la DEA, luego de que el Departamento de Justicia expresara su propia decepción al no perseguirse delito contra "El Padrino".

***

Hay otros casos que no son mencionados directamente, pero muestran el alcance del cártel en todo el país. En los documentos hallados en Cabo San Lucas se menciona el estado de Washington como un punto de reunión. Ahí opera una célula de esa organización criminal y el 29 de mayo de 2019 uno de sus integrantes fue sentenciado a 22 años de prisión por tráfico de drogas. El caso fue liderado por Joseph H. Harrington, Fiscal Federal para el Distrito Este de Washington, quien logró que Rosalio Emmanuel Sánchez, de 33 años, de Pasco, Washington, fuera sentenciado después de un juicio de cinco días en marzo de 2019 por conspiración para distribuir 500 gramos o más, de una mezcla y sustancia que contiene una cantidad detectable de metanfetamina y cinco kilogramos de cocaína, y distribuir 50 gramos o más de metanfetamina pura. "El juez de distrito de los Estados Unidos, Fremming Nielsen, condenó a Sánchez a dos penas de prisión de 270 meses", indica el reporte del Departamento de Justicia, que precisa que Sánchez deberá estar bajo supervisión judicial durante 10 años después de su salida de la prisión federal. Las autoridades determinaron que el hombre era miembro de la Organización de Tráfico de Drogas Bueno (DTO), una célula del Cártel de Sinaloa.

***

"Clorhidrato de metilamina", dice una de las hojas del cuaderno hallado en la Hacienda Encantada. Se trata del producto base para la producción de metanfetaminas, un negocio al que el Cártel de Sinaloa entró de lleno y comenzó a preocupar a las autoridades de Estados Unidos. El reporte del FBI solo anota la fórmula, como si fuera un recordatorio de quien escribía en esa libreta.

Un reporte de la ONU destacó cómo entre 2008 y 2012 los decomisos de metanfetaminas que traficaban los cárteles había incrementado significativamente en la frontera que comparten México y los EE. UU. Pasaron de más de dos toneladas a más de 10 toneladas en 2012. La metilamina es la sustancia clave para esa droga y los documentos hallados en aquella redada confirmaron cómo se aplicaba.

***

¿Quiénes son Tom y Bev Milligan? Sus nombres fueron encontrados en una libreta con su dirección de correo en el condado de Hooper, Nebraska, aunque NE es como aparece en el documento original, en referencia al acrónimo de esa entidad en el centro de Estados Unidos. La anotación resulta más intrigante, porque se menciona a Joel y Peggy como amigos de aquella pareja. Durante el juicio a Guzmán Loera hubo decenas de nombres, muchos de los cuales nunca se supo el papel que tenían dentro de la organización, especialmente de los nombres de estadounidenses. Ellos pudieron ser distribuidores de droga, su apodo los "narcos gringos", le dio el título a uno de los libros del periodista mexicano y experto en narcotráfico Jesús J. Esquivel, corresponsal de la revista *Proceso* en Washington, D.C., Tom, Bev, Joel y Peggy podrían ser algunos de esos tipos de narcotraficantes. En una entrevista para *El Diario*, medio en el que un servidor colabora, Esquivel contó que a diferencia de México, en Estados Unidos no existe un perfil de líder del narco, porque no hay tampoco cabezas de cárteles, "de lo contrario sería muy fácil para el gobierno detenerlos". El libro *Los narcos gringos* (Grijalbo, 2017) habla de amas de casa de cabello rubio y ojos azules; hombres vestidos con trajes de diseñador o jóvenes *"cool"* se pasan desapercibidos. "La visión sobre la presencia de los cárteles mexicanos en este país está equivocada, no existen narcos mexicanos aquí, son intermediarios... aquí no hay capos", acotó entonces Esquivel, un año antes de que iniciara el juicio contra Guzmán Loera, el cual también cubrió. Al periodista le llama la atención que en Estados Unidos se ahonda en cómo se distribuyen los estupefacientes en el país, donde hay un alto índice de consumo, pero sólo se culpa a los vecinos del sur del problema. Esquivel es contundente al criticar esa postura que tiene el gobierno norteamericano sobre el tráfico de drogas, y por ello mara el acento en lo difícil que es identificar a gente como Tom, Bev, Joel y Peggy. "El motivo es explicar la ignorancia que tiene el gobierno de Donald Trump y la insensibilidad de considerar que se puede contener la distribución de narcóticos con un muro, cuando la realidad es la constante demanda en la Unión Americana, y que se refleja con la muerte de jóvenes anglosajones por sobredosis", dijo. El libro de Esquivel fue elaborado con apoyo de la DEA y de la división de investigaciones especiales de Inmigración y Control de Aduanas (ICE), responsables de la lucha contra el narco en EE.UU., gracias a quienes pudo revisar miles de expedientes y realizar entrevistas para entender y explicar el entramado de los distribuidores. "La figura del 'bróker', el intermediario, es la clave… además de guardar las drogas en las llamadas 'narcobodegas', se encarga de distribuir todo a las pandillas, como en Nueva York o Chicago… se pulveriza la distribución", asentó. Una descripción que hizo podría explicar por qué es complicado saber quiénes son Tom, Bev, Joel y Peggy. "Usan a amas de casa, a quienes les ofrecen ganarse hasta diez mil dólares por 'manejar un auto' de un estado a otro sin hacer preguntas… y dejarlo abierto donde se le indique… ¿quién va a detener a una mujer anglosajona que viaja con sus hijos?", explica Esquivel. Ni fiscales ni testigos explicaron quiénes eran Tom, Bev, Joel y Peggy, ni el rol que tenían en el Cártel de Sinaloa, pero sus nombres estaban anotados en una de las libretas halladas en Cabo San Lucas. ¿Los atraparían?

¿Terminarían siendo "peces" menores en esta cruzada contra Guzmán Loera?

***

Uno de los cuadernos era también una bitácora de pagos que incluían gastos incluso considerados nimios, como 4000 pesos por "comida china", aunque la imagen IMG-20120222-00059 muestra una especie de corte de caja sobre dinero en dólares (se infiere):

Accounts	Balance
Rentals (6768)	11 482
Rental (6263)	7827
Personal (9564)	10 045
Scots —	21 000
	————
	50 354

Curiosamente, en ese cuaderno de espiral de metal negro las palabras están en inglés. Un dato importante es que Guzmán Loera no sabe inglés, por ello el mexicano requirió de un traductor durante el juicio de tres meses. Había al menos cuatro personas que hacían esa labor en la corte; por turnos se sentaban a un lado de "El Chapo", quien no utilizaba el traductor electrónico, debido a un problema en los oídos. Los traductores le susurraban todo lo que se expresaba en inglés. Los abogados de Guzmán Loera han confirmado en repetidas ocasiones que su cliente no habla inglés, incluso su representante Mariel

Colón, quien en entrevistas refirió que fue contratada para servir como asistente legal y traductora. Con el paso de los meses, la abogada de apenas 25 años se convirtió en uno de los personajes más cercanos a "El Chapo", la única que lo visitaba casi a diario en el Centro Correccional Metropolitano ubicado en Manhattan, Nueva York.

Las cifras que se manejan en los documentos varían de pesos a dólares, algunas veces están marcadas claramente, otras no se pueden determinar con precisión, pero es posible inferir que se trata de moneda mexicana o estadounidense, dado el valor de los productos o servicios descritos, por ejemplo, cuando se habla de 2500 para comprar "mandado y Coronas", es decir, los alimentos y las cervezas. Ahí se habla de pesos. A veces es claro: 8000 pesos -2 Black (en referencia a Blackberry).

El FBI utilizó el término "hojas" en distintos contextos, incluyendo "cuentas", incluso como pagos por servicios, a los socios o productos. Tal referencia se lee sobre "Cachimba", se trata de Héctor Ramón Takashima Valenzuela, alias "El Cachimba", quien fue uno de los pilotos de Guzmán Loera. En uno de los cuadernos se indica que se le dieron "80 hojas" para gas. De nuevo, no hay precisión en los documentos, pero eso no les preocupa a los fiscales federales cuando muestran las pruebas. Se toman su tiempo para hilar la información, conectar los datos y explicar qué significa cada uno. El juicio es como ir escena por escena en una gran serie de televisión. Todos los detalles importan, aunque no se expliquen todos, se muestran someramente para evidenciar su existencia.

***

Mientras la Organización de los Beltrán Leyva tenía conexiones con el Ejército mexicano, el Cártel de Sinaloa tenía en su nómina a agentes de la Policía Federal mexicana, además de los "delegados" estatales de la entonces llamada Procuraduría General de la República, ahora Fiscalía General de la República. En uno de los cuadernos una de las anotaciones habla sobre las casas de seguridad y cómo vigilarlas mejor. El recordatorio está en clave, ya que a los delegados federales se les llamaba "químicos". "¿Cuántas casas tenemos ahora para hablar con el delegado? ¿Dónde tenemos a los químicos que son amigos que puedan mejorarlas?", se lee en el cuaderno.

Una de las formas en que los fiscales demostraron que Guzmán Loera tenía en su nómina a altos mandos de la Policía Federal mexicana fue cuando se presentó un audio del capo hablando con un alto mando apodado "El Yanqui", quien formó parte del equipo del entonces procurador Genaro García Luna. El funcionario llevaba algunos días operando en Sinaloa y había cambiado a oficiales de asignaciones, pero sus movimientos habían impactado a la "empresa", como también se referían al cártel sinaloense. Un sujeto apodado "El Gato" coordinó una llamada entre "El Yanqui" y "El Chapo", quien expresó sus preocupaciones y pidió el apoyo necesario para mantener su engranaje criminal funcionando. El diálogo fue como sigue:

—En la empresa (el cártel) hay gente suya... no me los cambie de ahí, que ellos mismos sigan.
—Perfecto, cuente conmigo.

—A ver cuándo lo saludo en persona.
—Cuente conmigo, aquí tiene un amigo.

En otras conversaciones se habló de operativos coordinados por autoridades federales en el norte de México, con agentes enviados de la Ciudad de México, algo que el grupo de Guzmán Loera no podía controlar ni siquiera con ayuda del gobernador, se escuchó decir a "El Gato" en otro audio.

Esos audios fueron proporcionados por el FBI, explicó el agente especial Stephen Marston, experto en crímenes cibernéticos, quien declaró sobre el sistema de comunicaciones encriptado que el colombiano Christian Rodríguez desarrolló para el cártel.

El apodo de "El Gato" aparece en seis ocasiones en el reporte del FBI realizado con los documentos hallados en la Hacienda Encantada, algunos son pagos o entregas para la compra de combustible, pero incluso hay un recordatorio: "Gato recoger la mercancía (sic)". Otro más habla de "entregar la mercancía".

***

Un aspecto curioso que llamó la atención en el juicio a Guzmán Loera fue la cantidad de apodos que fueron asignados a la mayoría de los miembros del Cártel de Sinaloa.

"Nariz", "Guacho", "Cóndor", "Juacho", "Picudo" y un largo etcétera aparecen en documentos oficiales de la Corte Federal de Brooklyn, pero hay tres apodos que destacan, ya que son en femenino, pero fueron asignados a personajes masculinos claves de esa organización.

Dámaso López Núñez, alias "Lic" o "Licenciado", uno de los principales operadores de Guzmán Loera –y también su compadre, al ser padrino de una de sus hijas gemelas— rindió testimonio y reveló que a su jefe le apodaban "La Prima", y el sobrenombre era utilizado principalmente por los Beltrán Leyva, sus primeros socios con quienes después se volvió enemigo. Al principal socio de Guzmán Loera, Ismael "Mayo" Zambada García –para muchos el verdadero líder del Cártel de Sinaloa— lo llamaban "La Doña" y "La Señora de la Cocina" o simplemente "Cocina", según revelaron testigos, mientras que a su hijo Vicente Zambada, alias "El Vicentillo", también era conocido como "La Mesera".

En los cuadernos hallados en Cabo San Lucas aparece un mensaje en clave: "Recordar a su compadre Cosina (sic)", un aviso a Guzmán Loera. No se precisa qué habría de recordar al "Mayo" Zambada García.

Las libretas están llenas de sobrenombres o contracciones de nombres de pila de los socios o colaboradores de Guzmán Loera, algunos de ellos fueron importantes para que los investigadores de la Administración para el Control de las Drogas (DEA), los agentes de Investigaciones de Seguridad Nacional (HSI) –que pertenece al Departamento de Seguridad Nacional (DHS)—, la Patrulla Fronteriza, el FBI y los investigadores del área de narcóticos del Departamento de Justicia, siguieran las pistas que entregarían a los fiscales, quienes a su vez las utilizarían en los interrogatorios a los 14 cooperantes. Ellos, en distintos niveles, confirmaron lo que autoridades habían descubierto, como que aquella vivienda era de Guzmán Loera, que Agustina Cabanillas era su amante. Pero sobre todo que desde ahí se llegaron a desatar operaciones relacionadas con la organización criminal, especialmente el trasiego de cocaína, heroína, metanfetamina y marihuana.

Los investigadores, fiscales y hasta abogados los mencionan como parte del argot de la lucha contra el crimen organizado. El propio Guzmán Loera está identificado con varios apodos en los archivos judiciales de la Corte en Brooklyn, comenzando con su nombre de pila, Joaquín Archivaldo Guzmán Loera, seguido por todos sus sobrenombres conocidos: "El Chapo", "El Rápido" –como lo llamaban sus socios colombianos, debido a la rapidez con que lograba cruzar droga a Estados Unidos—, Chapo Guzman, "Shorty" –utilizado por los estadounidenses, quienes aplican la traducción de "Chapo", que en Sinaloa significa "chaparrito"— "El Señor" –como se refieren a él todos sus ayudantes, incluso sus amantes y su esposa Emma Coronel y sus abogados—, "El Jefe", "Nana", "Apa", "Papá", "Inge", "El Viejo" y Joaquín Guzmán Loera, sin su segundo nombre, como él se refiere a sí mismo, incluso al momento de firmar. Las siglas de su nombre no son JAGL, sino JGL, las cuales serán utilizadas por la esposa para una marca de moda que sería lanzada en verano de 2019 en Estados Unidos.

***

Pagos por favores y depósitos por servicios de entre 15 000 y 36 000 dólares quedaron marcados en los cuadernos, que también eran bitácoras sobre la droga, el "perico" (coca) y la "chiva" (heroína), metanfetaminas y "mota" (marihuana).

Para "El Lic" o "El Licenciado", por ejemplo, había un mensaje de recordatorio: "3 — toneladas de mota que tiene... lla (sic) completada las 5 para que se balla (sic)". Se trata de Dámaso López Núñez, uno de los testigos importantes en el juicio contra Guzmán Loera, ya que era uno de sus principales operadores, incluso era considerado como uno de los sucesores "naturales" cuando su exsocio fue detenido en 2016 y extraditado en 2017 a los Estados Unidos, pero estuvo inmerso en una cruenta guerra contra el "Mayo" Zambada e Iván Archivaldo y Jesús Alfredo Guzmán Salazar, hijos de Guzmán Loera mejor conocidos como "Los Chapitos". Aunque hubo revelaciones el juicio, hay que dejar claro que solo ellos saben exactamente cómo se desató su pleito y el rencor que creció hasta separarlos, luego de inmiscuirse en actividades criminales de alto riesgo. Esa batalla parece lejos de terminar.

***

En las libretas también había anotaciones sobre transacciones en Argentina y Chile, incluso se escribieron lugares particulares donde habría algún tipo de negociación o encuentro, como el Hotel Boutique Somerscales en Valparaíso o el Hotel Oceanic en Viña del Mar, lugares donde la noche oscila arriba de los 130 dólares estadounidenses. En pesos mexicanos eso serían alrededor de 2500, y en moneda chilena serían 92 365 pesos al momento de escribir esta historia. Esas cantidades no son fáciles de cubrir para quienes tienen ingresos de 10 000 o 15 000 pesos en México (el salario promedio), sin considerar el costo del avión. Los líderes del Cártel de Sinaloa tenían acceso a esos recursos y más. Alex Cifuentes Villa, confirmó varios de los movimientos efectuados desde América del Sur y Centroamérica hacia México y los Estados Unidos. Algunos de esos embarques se concretaron sin conectar México, incluso llegando a los Estados Unidos, la droga era cruzada a Canadá, país también mencionado en las libretas encontradas en Cabo San Lucas. Las autoridades estadounidenses se centraron en cómo esas transacciones internacionales fueron un atentado a su país y, desde su punto de vista, contribuyeron al incremento del consumo de droga que no ha podido ser controlado dese la época del presidente Ronald Reagan, cuya esposa, la primera dama Nancy Reagan, habló por primera vez a nivel nacional de un problema que crecía exponencialmente.

***

"El Cartel de Sinaloa tenía acceso ilimitado a las armas", indicó el Departamento de Justicia en comunicado de prensa y refirió como ejemplo el caso de un testigo que mostró al jurado más de 40 AK-47 que fueron incautadas en El Paso, Texas, antes de que pudieran ser entregados a Guzmán Loera en México. "Los testigos identificaron fotografías de varias armas, incluidas granadas y un lanzagranadas propulsado por cohetes utilizado por el Cartel de Sinaloa", agregó la autoridad. En el juicio, además de llevarse armas, se mostró la fotografía de un AK-47 o "cuerno de chivo" chapado en oro y tres pistolas calibre 38 con incrustaciones de diamantes, una adornada con sus iniciales, "JGL". Ninguna de esas fue encontrada en la redada en Cabo San Lucas, pero en las libretas se halló la bitácora de peticiones o entrega de armas, miles de armas: 50 AK-47, 1000 AK-47, 100 M16, 1000 lanzagranadas de 40 mm, 50 mínimo corto, 1000 granadas Pl, 20 000 tiros de cuerno y and R-15. Esa era solo una de las varias listas que mencionan armas.

En el juicio se habló de varias formas en que la organización se hacía con las armas y lo descubierto en Hacienda Encantada era una evidencia de que apuntaba la cantidad y el tipo de armamento necesario, pero lo más importante fueron las metralletas, pistolas, granadas y otros explosivos encontrados en los vehículos decomisados. En 11 fotografías integradas en el reporte se documenta el equipo que incluía lanzagranadas y armamento de uso exclusivo del Ejército y la Policía Federal. La gente de Guzmán Loera incluso tenía en sus manos equipo complementario para tener visibilidad en operaciones nocturnas.

Édgar Iván Galván, un mexicano originario de Ciudad Juárez, Chihuahua, trabajó con Antonio Marrufo, alias "El Jaguar", quien era jefe de la plaza del Cártel de Sinaloa en esa ciudad. Durante su testimonio, Galván afirmó que Marrufo –también conocido como "Tonin", "Catorce", "14", "Tono" o "El Uno"— ayudaba al cártel a conseguir armas y traficar droga a los Estados Unidos. Incluso sorprendió en la corte al describir un inmueble donde había un "cuarto de asesinatos"cuya estructura tenía un sistema conectado al drenaje para los desechos de aquellos enemigos de la organización ejecutados. "Una vez me llevó a una casa, donde el piso era blanco, con azulejos", dijo Galván al ayudante del fiscal Adam Fels, a quien le tocó cuestionarlo. El testigo afirmó que su socio le dijo: "Ahí es donde mató a la gente". Ambos delincuentes se conocieron cuando Galván se divorció en 2003 y alquiló una casa en Ciudad Juárez, a pocos metros de El Paso, Texas, y se encontraron en algunas salidas a fiestas, entonces supo que "Jaguar" era miembro del Cártel de Sinaloa. Galván comenzó a trabajar con Marrufo años después; le ayudó a traficar armas, recibir cargamentos de marihuana y cocaína, que transportaba a las casas de seguridad en El Paso. Marrufo fue extraditado el 28 de mayo de 2019 a Estados Unidos, donde enfrentará un juicio por varios delitos, incluido tráfico de armas y narcotráfico.

Además de líderes importantes, las autoridades estadounidenses buscan desmembrar parte de sus equipos logísticos, gente de bajo nivel en la organización que, sin embargo, es importante para lograr sus objetivos con el tráfico de droga y mantenerse fuertemente armados. Tal fue el caso de Édgar Iván Galván, un tercero que en el Cártel de Sinaloa podría ser considerado un "don nadie", pero operativamente ayudó a la organización. Galván declaró contra Marrufo y sirvió a los fiscales en el juicio a "El Chapo". Edgar Iván Galván enfrenta varios problemas además de su sentencia en los EE. UU. En 2009 obtuvo su ciudadanía estadounidense, pero podría perderla por las mentiras que dijo al Servicio de Ciudadanía e Inmigración (USCIS). El hombre convicto en 2011 declaró en 2008, cuando hizo su solicitud de naturalización, que no había cometido delitos, pero ya estaba involucrado en el tráfico de droga y de armas. El fiscal Adam Fels le dejó claro a Galván que su participación como testigo es un asunto separado de un posible problema migratorio, incluso el defensor del Gobierno quiso dejar constancia en público y en expedientes que al testigo no le habían prometido beneficios migratorios.

—No, nadie me ha prometido, respondió escuetamente sobre el cuestionamiento acerca de la naturalización obtenida con mentiras.

—¿Por qué negó haber cometido algún delito?, cuestionó acerca del Formulario N-400 y la entrevista para la ciudadanía donde Galván mintió a los oficiales de USCIS.

—Porque me iban a dar la ciudadanía...porque quería ser ciudadano estadounidense.

Un elemento que llamó la atención fue que cuando el ayudante del fiscal Fels cuestionó a Galván por qué buscaba ser ciudadano estadounidense, la defensa de "El Chapo" —en voz del abogado William Purpura— objetó y el juez Cogan aceptó que esa pregunta no se respondiera. Los abogados querían desacreditar a Galván como testigo, dejarlo ver como un mentiroso, pero no querían evidenciar que sus mentiras a las autoridades migratorias pudieran haberle servido al cártel para que él se moviera con mayor libertad en Estados Unidos, donde lograba pasar droga y donde adquiría armas de todo tipo.

***

Hay un dicho que afirma: "El dinero va y viene". En el cártel lo tienen claro, llevan las cuentas a pie juntillas, al menos así se evidencia en algunos documentos hallados en redadas de las autoridades como en la Hacienda Encantada. Esa información también funcionó para demostrar cómo se hacen negocios en una organización criminal.

"Ahora el dia de los 150 que sacamos el dia 16 de nov son 2000 dll (dolares) de los angeles 2500, más 2000 dll lic (sic)", dice una de las libretas en referencia a dinero que manejado, entre otros por Dámaso López Núñez, "El Lic".

"Nacho 3 veces el mismo dia 27 500 mas 5000 mas 9700 un total de $2200 para nachito y se fueron 35 mil para el deposito de los 395 mil de esos 350 mil dlls quedaron 49 mil pesos (sic)", señala el mismo cuaderno. Quien escribe combina dólares con pesos, pero más adelante las autoridades del FBI presentan un reporte que explica el significado de aquellas anotaciones, argumentos que –combinados con datos del espionaje al sistema de comunicaciones— ayudaron a exponer ingresos y egresos de la organización criminal.

Las cifras parecen pequeñas, pero van sumando a un imperio criminal y es como los fiscales construyeron este caso: pieza por pieza, peso por peso, dólar por dólar. En este proceso la suma fue dólar por dólar, aunque las autoridades solo logran estimaciones del dinero que se maneja en el cártel, el cual se administra como cualquier empresa: tienen ingresos, egresos, pérdidas.

"Entre más escribía sobre el narcotráfico, cada vez más entendía a qué se parece: a un negocio global altamente organizado. Sus productos son diseñados, fabricados, transportados, comercializados y vendidos a 250 millones de consumidores alrededor del mundo. Sus ingresos anuales son de alrededor de 300 mil millones de dólares; si esta industria fuese un país, sería la cuarta economía mundial", escribe el periodista Tom Wainwrigth en su libro *Narconomics: Cómo administrar un cártel de drogas* (Debate, 2016).

En su primer capítulo, "La cadena de suministro de la cocaína: el efecto cucaracha y el aumento de precio de 30 mil por ciento", el experto que ha colaborado con los periódicos ingleses *The Guardian* y *The Economist* explica paso a paso cómo se construye un cártel, haciendo la analogía con cualquier empresa, ¡y no cualquier empresa!, una transnacional, ya que estas organizaciones deben importar y exportar droga, evaluar los costos, las inversiones y las ganancias. Todo está calculado en un negocio de este tipo, porque podrán ser muy criminales, pero los narcotraficantes se toman su trabajo muy en serio y en cuestiones de dinero no hay excepción.

El dinero que genera un cártel es casi incalculable, pero los expertos han intentado estimaciones para proporcionar una idea de lo que hay en juego. Durante cuatro años, de 2009 a 2012, por ejemplo, la revista *Forbes* dimensionó el poder económico de Guzmán Loera al integrarlo a su lista de los hombres más ricos del mundo. El primer año ocupó la posición 701[1] y su fortuna estaba estimada en 1000 millones de dólares, monto que se mantuvo, pero que con los años lo alejó del selecto grupo de los "mil multimillonarios". La revista señaló a Guzmán Loera como el CEO, el director, del Cártel de Sinaloa,[2] y lo describió como el "narcotraficante más poderoso del mundo". Agregó que su organización era entonces

---

1 El número actualmente es utilizado por una de las hijas de Guzmán Loera, Alejandrina Gisselle Guzmán, para una marca de moda y accesorios.

2 El propio Guzmán Loera se refería a la organización como su empresa y tenía gente a su cargo, como un CEO, como secretarios, además de su equipo de seguridad y gente que atendía sus asuntos personales. Sus empleados se referían a él como "El Señor", "El Gerente" o "El Jefe".

responsable de aproximadamente el 25% de todas las drogas ilegales que ingresaban a los Estados Unidos a través de México. "Los expertos en fiscalización de drogas estiman, de manera conservadora, que los ingresos anuales del cártel pueden exceder los 3000 millones de dólares", indicó la revista. Ese mismo, febrero de 2009, la ciudad de Chicago calificó a Guzmán Loera como el "Enemigo Público Número 1", el primero desde Al Capone. Los siguientes años, el poderoso narcotraficante fue bajando de la lista, en la cual terminó en el lugar 1153 en 2012, último año en que apareció.

Esas estimaciones solo integraban a "El Chapo", porque se creía que en aquella época, los cárteles colombianos y el de Sinaloa habían logrados ingresos de entre 18 000 millones y 39 000 millones de dólares por el tráfico de droga, de la cual una tercera parte de esa droga habría sido enviada por Guzmán Loera.

Siguiendo con estimaciones de cuánto dinero podría ser confiscado a "El Chapo", en 2017 el senador Ted Cruz sorprendió al presentar la "CHAPO ACT" ("Ley Chapo"), que hacía referencia a 14 000 millones de dólares que el Gobierno de los Estados Unidos querría recuperar. El republicano afirmaba que ese dinero debía utilizarse para construir el muro fronterizo. "Los 14 000 millones de dólares ayudarían a la construcción de un muro que mantendrá a los estadounidenses seguros y ayudaría a obstaculizar el flujo ilegal de drogas, armas y personas a través de nuestra frontera sur", dijo Cruz al presentar su proyecto, respaldado por otros senadores, como Jim Inhofe, Mike Rounds y John Kennedy, quienes introdujeron la "WALL ACT" ("Ley del Muro"), para lograr utilizar los recursos en el desarrollo del muro prometido por el presidente Donald Trump. Esos planes nunca avanzaron. Mejor dicho, esos planes nunca fueron tomados en serio en el Congreso, aunque en la memoria se mantiene un billete de dólar gigante con el rostro de "El Chapo" y la leyenda: "Él va a pagar por el muro". Si se tomaran en cuenta los 14 000 millones de dólares que supuestamente tiene Guzmán Loera, en la lista de *Forbes* de 2018 ocuparía el lugar 90 de los más ricos, detrás de Charlene de Carvalho—Heineken, gracias a su participación del 23% en el control del gigante cervecero Heineken, y desplazando a la posición 91 a Andrey Melnichenko cuya fortuna asciende a 13 400 millones de dólares por la producción de fertilizantes Eurochem y su participación en la empresa energética del carbón SUEK.

***

Documento desclasificado. Laboratorio del FBI. Se trata del "Reporte de examen" realizado en las oficinas de Quantico, Virginia, dirigido el 26 de septiembre de 2012 al agente Sean McDermott. El caso 245C-NY-303173 y la orden de laboratorio 120416008 PF ACS. La información en la Corte de Brooklyn fue explicada por la agente especial Melissa A. Corradetti, de la Unidad de Registros de Criptoanálisis y Crimen Organizado del Buró. Su testimonio formó parte de las explicaciones técnicas que conectan a dichos cooperantes con documentos y otros elementos hallados en operativos con información de inteligencia y con técnicas de espionaje. Podría haber informes mucho más detallados, pero las autoridades liberaron un par de documentos de 16 y 35 páginas. El primero es la descripción técnica y el segundo la presentación de la agente Corradetti. Las pruebas forenses en el operativo en Hacienda Encantada fueron clasificadas, analizadas e interpretadas por los agentes. La defensa de Guzmán Loera no pudo cuestionarlos. El FBI tiene agentes entrenados para este tipo de labor. Ninguna pregunta de los abogados de "El Chapo" pudo descalificar los hallazgos.

El testimonio de la agente Corradetti fue prácticamente una exposición, la explicación técnica de los documentos hallados en la Hacienda Encantada, con "santo y seña" para determinar a qué se referían cada una de las anotaciones, números que parecían códigos de alguna transacción. Todo lo que ahí estaba anotado tenía un propósito: generar una bitácora, pero quien la escribió debía explicar los códigos ahí expuestos. Las pruebas fueron entregadas el 16 de abril de 2012. El proceso tardó cinco meses. "El artículo enviado contiene los registros de una organización de tráfico ilícito de múltiples drogas (Conclusión de Tipo I). Todas las traducciones al inglés a las que se hace referencia en este informe fueron proporcionadas por la División de Nueva York", indica uno de los primeros apuntes del reporte. El "artículo" al que se refiere es un CD con las fotografías y videos de los que hemos hablado al inicio de este capítulo. Divide los hallazgos en cuatro grandes segmentos: "Drogas ilícitas", "Finanzas", "Comunicaciones" y "Otros hallazgos".

Drogas ilícitas

El FBI encontró que las anotaciones en la libretas y algunos papeles sueltos mostraban "un total mínimo de 42 996 unidades", que hacen referencia a cantidades de marihuana, cocaína y heroína. Determinaron que 21 266 de esas unidades se enumeran como de "kilo", "k" o "kg" y 9124 se indican como libras. "No hay indicadores de peso en las 12 606 unidades restantes", es decir, se supo que se hablaba de drogas, pero no de los montos. El análisis tuvo sus limitaciones, ya que no se logró precisar a qué se referían 2316 "piezas" o anotaciones ni su peso. Otra limitación para destacar de los expertos del Buró fue que alguna parte de las "unidades" pudo ser duplicada. "Se han hecho todos los esfuerzos para evitar la duplicación, sin embargo, debido a la manera en que se escriben los registros, no se puede descartar", reconoce el reporte.

El análisis logró explicar el significado del argot entre los narcotraficantes al momento de referirse a la droga, a fin de que sus acciones no fueran identificadas. La "harina" se refiere a cocaína; el "frijol" a la carga o envío del contrabando de heroína o marihuana; la "pasta" es otra forma de llamarle a la base de la cocaína, que finalmente se convierte en clorhidrato de cocaína o HCL.

Los cuadernos fueron clasificados como bitácoras y sus códigos incluso mencionaban cómo se marcaba o identificaba la droga y cómo diferenciarla en cuanto proveedores, envíos y hasta distribución en el mercado. "Las marcas o identificadores se encuentran comúnmente en los paquetes de drogas ilícitas como una forma de diferenciar entre medicamentos, proveedores y/o envíos, y para realizar un seguimiento del inventario", apunta el reporte. Entre las marcas e identificadores que se encontraron en los documentos están: Coco, Cocco, Garu, Garu Blanco, Garu Café, Corona, Atun, R1, 01, Marca 01, Marca S, RS,

Bob, Neo y Grasa. Una fotografía de la hoja de una de las libretas muestra la distinción que el FBI hizo con colores: azul turquesa, el número de paquetes; amarillo para la carga enviada en total y beige para el tipo de mercancía enviada. Por ejemplo: 222 paquetes de 10 kilos y de 18 kilos marca "Garus". Algunas iban incluso sin marca, pero sí tenían los montos de envío.

Finanzas

Los montos que el FBI logró clasificar en la información hallada en la Hacienda Encantada distan mucho de las cifras estimadas sobre el tráfico de drogas que ha logrado el Cártel de Sinaloa, por ejemplo, las ganancias estimadas en un par de años de actividad se tasan en 39 000 millones de dólares. La suma de los datos en las bitácoras maneja sumas mínimas, como $6 928 487 de dólares estadounidenses y $5 202 593 de pesos mexicanos, asociados con aproximadamente 32 cuentas. La agente Corradetti reconoce que, debido a la forma en que se escriben los registros, "no se puede determinar la función y/ o el propósito de la mayoría de este dinero", aunque precisa que la mayoría de las transacciones involucra el dinero que se entrega y/o deposita en algunas cuentas. En un anexo del reporte se encuentran los detalles de las transacciones.

Hay algunos aspectos, como se mencionó en anteriores párrafos, de quienes entregaron dinero y cuánto. El FBI, sin embargo, destaca algunos datos para determinar ubicación de esos depósitos. Es importante recordar que los fiscales estadounidenses deben demostrar que hubo transacciones hacia

Estados Unidos, a fin de apuntalar su caso contra Guzmán Loera. La agente Corradetti indica anotaciones que muestran que en octubre y noviembre de 2011, "Nelly" o "Ms. Nelly" y "Wero" parecen jugar un papel importante en el intercambio y la transferencia de dinero, las cuales están asociadas con las ubicaciones geográficas de Tijuana ("TJ"), en Baja California, y Los Ángeles ("LOS"), California. Nuevamente los montos son mínimos, ya que de las 11 transacciones la suma de dinero fue de $1 873 000, entregado y/o depositado. De "Nelly" o "Ms. Nelly" se destacaron 6 transacciones por un total de $793 000 entregados o transferidos por "Wero".

Como se mencionó, el FBI utiliza el término "hojas" como la referencia a cantidades de dinero. La oficial Corradetti indicó que una "hoja" equivale a $1000. En una de las páginas de la bitácora, marcada con la foto Q2-00106.jpg, se ejemplifica que 300 hojas es igual a $300 000. Otro término que el análisis concluyó es que "documentos" también se utiliza para referirse al dinero. Un ejemplo fue la anotación de la entrega de un total de $563 000 de "Wero" a "Nelli", "Lazaro" y "Chilo". En la fotografía de la bitácora se especifica: "Wero a entregado de documentos" (sic), es decir, "El Wero ha entregado los documentos", seguido del listado de montos, uno en Tijuana y dos en Los Ángeles.

***

Para calcular la riqueza de un narcotraficante, la DEA y el Departamento de Justicia utilizan los montos de droga traficada, aquella estimada y su valor en el mercado. En el caso de Guzmán Loera, días previos a que se diera a conocer la sentencia de cadena perpetua más 30 años de prisión, los fiscales federales estimaron que el juez Cogan debía autorizar el decomiso de $12 666 191 704 dólares. Una cifra totalmente distinta a la que hemos mencionado publicada en *Forbes* o estimada por la DEA originalmente. La autoridad especificó que el cálculo fue de la cantidad de droga que ingresó a los EE.UU., no los beneficios netos que obtuvo Guzmán Loera.

En un documento de 12 páginas firmado por el fiscal federal del Distrito Este, Richard Donoghue; el Jefe de la Sección de Estupefacientes y Drogas Peligrosas de la División Criminal Departamento de Justicia de los Estados Unidos, Arthur Wyatt, y la fiscal del Distrito Sur de Florida, Ariana Fajardo Orshan, se indica que el estimado del dinero se realiza también con las cifras proporcionadas por los testigos, como Jesús "El Rey" Zambada García, los hermanos colombianos Jorge y Alex Cifuentes Villa –miembros del Cártel de los Cifuentes-Villa–, Juan Ramírez Abadía, alias "Chupeta"; Miguel Martínez Martínez y Pedro Flores –uno de los socios en Chicago, Illinois.

Sus informes permitieron determinar el costo de la droga y las ganancias obtenidas, como declaró Martínez –quien laboró con el Cártel de Sinaloa entre 1987 y 1993– cuando un kilogramo de cocaína en Los Ángeles se vendía de $12 000 a $16 000 dólares, aunque esos precios aumentaban en otros territorios, como Chicago, donde se conseguían $25 000 dólares por kilo y en Nueva York entre $35 000 y $40 000 dólares.

"Así, al promediar el precio de la cocaína en los Estados Unidos durante los años 1987 a 1993, el acusado vendió su cocaína por un precio promedio de $25 500 por kilogramo (promedio de $14 000 en Los

Ángeles, $25 000 en Chicago y $ 37 500 en Nueva York)", expusieron los fiscales como parte de sus análisis que determinarían esa fortuna.

Los datos sobre transacciones hallados en el operativo al que hace referencia este capítulo también sirvieron de referencia. El Departamento de Justicia hizo cálculos de suministro "conservadores", como el trasiego de 436 toneladas de cocaína al Cártel de Sinaloa para su distribución, la cual fue transportada de distintas formas, como 200 toneladas de cocaína en avión entre 1990 y 1996; 200 toneladas en barco entre 1993 y 1998; y 36 toneladas en submarino entre mediados y fines de la década del 2000.

***

Daniel Richman es profesor en la Facultad de Derecho "Paul J. Kellner" de la Universidad de Columbia. Fue fiscal federal que se desempeñó como abogado jefe de apelaciones en la Oficina del Fiscal de los Estados Unidos para el Distrito Sur de Nueva York (donde fue asistente de 1987 a 1992), y trabajó como asesor de James Comey,[3] quien fuera director del FBI, y consultor del Departamento de Justicia y del Departamento del Tesoro sobre asuntos penales federales. Menciono brevemente sus credenciales, para dimensionar la importancia que tiene su opinión en un caso como el de Guzmán Loera. En entrevista,

---

3 Comey fue el director del FBI al que el presidente Donald Trump despidió, acción que desató las investigaciones por obstrucción de justicia contra el Presidente 45 de los Estados Unidos. El despido del funcionario de Inteligencia dio paso al nombramiento del fiscal especial Robert Mueller, para iniciar una indagatoria en dos vías: la injerencia de Rusia en las elecciones de 2016 y la obstrucción de la justicia.

el profesor Richman aclara que cualquier forma en que el FBI se allegue información para un caso puede ser utilizada para el juicio. Cuestionado sobre la importancia de tener los datos precisos, documentos y otra información que pareciera aislada, el experto indicó que es parte de un esfuerzo mayor, estrategia jurídica que se sigue en cualquier proceso. A veces, indicó, un documento por sí solo podía no decir mucho, pero cuando ese documento se suma a otros y los especialistas del FBI analizan su origen y pueden relacionarlo con un caso particular ya se tiene algo concreto. Luego hay que verificar que la información del documento pueda ser avalada con lo que ha sido afirmado por los testigos. Finalmente, si la parte acusadora llegada a un punto como el que estamos describiendo le faltaran partes de documentos para apoyar su tesis, ello no sería causa para desestimar su caso.

"Esta es la forma en que los fiscales trabajan. Hay dos tipos de evidencia, una es el testigo, que puede ser cuando alguien dice: 'Yo vi esto o aquello'. Hay otra directa, que parece circunstancial, pero hay modos de conectar ambas. En el caso de acusaciones federales es que no hay una formal diferencia entre este tipo de evidencias. Pueden ser muy poderosas o débiles. Los cooperantes pueden ayudar… pero algunos abogados consideran que los cooperantes pueden mentir, entonces, la información directa ayuda a que los cooperantes hablen de esa información. A veces la información directa puede parecer circunstancial, pero los cooperantes ayudan a superar ese reto", explicó Richman. Es decir, los fiscales neoyorquinos tenían tres piezas importantes: lo encontrado en aquel operativo en Cabo San Lucas y cómo los expertos conectaron esos elementos, así como la voz de cooperantes que harían referencia a varios de los elementos hallados en aquel operativo, incluso después de éste. La defensa de Guzmán Loera no tenía mucho margen de acción. ¿Desacreditar a los expertos? No pudieron. ¿Desacreditar la información que se encontró y calificarla de circunstancial? Quizá establecieron un hilo narrativo ahí, porque incluso varios de los periodistas que cubrían el juicio se salieron de la sala cuando se presentó esa evidencia, como si no fueran elementos importantes. ¿Desacreditar a los cooperantes? Se intentó durante todo el juicio, pero quedó claro que aquellas personas, por más buenos acuerdos que lograron para sus propios casos, algo tenían que decir.

***

El 30 de mayo, Vicente Zambada, uno de los 14 cooperantes contra Guzmán Loera –su compadre— conoció su sentencia, que resultó un reconocimiento explícito a su ayuda al Departamento de Justicia. El juez en Jefe de Distrito Norte Federal de Illinois, Rubén Castillo, consideró que el hijo de "El Mayo" Zambada no traicionó a "El Chapo", sino que cooperó para perseguir un fin más alto, castigar a un "pez más gordo", gracias a lo cual "El Vicentillo" afirmó sentirse "mejor padre, mejor esposo", incluso que se sentía como "un mejor hijo" y una "mejor persona". El 20 de mayo, los fiscales John R. Laush Jr. y Erika L. Csicsila, justificaron la cooperación "extraordinaria" contra uno de los líderes del Cártel de Sinaloa y pidieron una sentencia de 17 años. "Esa sentencia

equilibra la culpabilidad del acusado con su cooperación extraordinaria". En una réplica, la defensa pidió
12 años como máximo. El juez Castillo se puso en el
punto medio. "El Vicentillo", extraditado en 2010,
comenzó a cooperar en 2011 con las autoridades estadounidenses, su papel en la organización criminal,
también permitió ampliar indagatorias contra los
Beltrán Leyva. "La cooperación del acusado se ha dirigido a la dirección del Cartel de Sinaloa y uno de
sus rivales, la Organización Beltran Leyva ("BLO", en
inglés)... que culminó con cargos hacia docenas de
objetivos de alto nivel y cientos de sus asociados en
acusaciones en todo el país", indicaron los fiscales.
El acuerdo con autoridades se dio a conocer después
de 2014, cuando se informó que un año antes se había declarado culpable de "participar en una vasta
conspiración de tráfico de estupefacientes". Los 15
años máximos de sentencia son un periodo mínimo
comparado con la cadena perpetua más 30 años de
su compadre. La promesa fue hecha y cumplida. "Si
el Gobierno determina en el momento de la sentencia
que Zambada Niebla ha continuado brindando una
cooperación plena y veraz, como lo exige el acuerdo
de culpabilidad, el Gobierno considerará una sentencia por debajo de la pauta federal", indicó en su
momento el DOJ. El exmiembro del narcotráfico mexicano fue acusado por varios hechos ocurridos entre
1992 y 2008, cuando trabajaba directamente bajo su
padre, "Mayo" Zambada García, y su socio Guzmán
Loera. "(Para) transportar toneladas de cocaína desde Colombia a México, de donde fue contrabandeada
a los Estados Unidos para su distribución en todo el
país, incluyendo a Chicago", indicaron autoridades.
"El Vicentillo" era ubicado como el teniente superior

y coordinador logístico de la organización. Durante su testimonio en la Corte de Brooklyn, Zambada Niebla fue cuestionado por Eduardo Balarezo, uno de los abogados de Guzmán Loera, sobre la conveniencia de contribuir con el Gobierno contra "El Chapo", mientras su padre seguía libre. Ante las presiones del abogado defensor de Guzmán Loera, el hijo de "El Mayo" reconoció que su padre era uno de los líderes del cártel, pero no supo cómo justificar que nunca haya sido detenido a pesar de que la DEA ofrece cinco millones de dólares por su captura. "Sí es un líder. Otro, como mi padre", reviró "El Vicentillo" en referencia a Guzmán Loera. "Los amigos de él no han tenido tanta suerte", atajó Balarezo al enlistar todas las personas cercanas al "Mayo" en prisión. "¡Qué le digo!", respondió "El Vicentillo". A pesar de su sentencia de 15 años, "La Mesera", como se referían también a él sus socios, saldrá de prisión en menos de cinco años.

***

"El Chapo" tuvo oportunidad de testificar y descalificarlos uno por uno si ese era el caso. "Me voy a reservar… no voy a testificar", expresó escuetamente el 28 de enero de 2019 cuando el juez Cogan le dijo que podía rendir testimonio. "¿Entiende que tiene el derecho de rendir testimonio?", insistió el juez. "Sí", respondió Guzmán Loera estoico. "Me explicaron mis abogados. Ellos ya me asesoraron y estoy de acuerdo", agregó al justificar su negativa. Era cierto, de haber testificado, "El Chapo" tendría que haber respondido preguntas que los implicarían directamente. Estaba acorralado. No había escapatoria como en Cabo San Lucas. Los fiscales jugaron bien sus piezas.

***

Los juicios tienen dos procesos narrativos claros: el formal en la corte y el informal en los medios de comunicación. Quien tiene el control de la narrativa del primero tiene mayor impacto en el segundo, pero éste no necesariamente es una influencia en el proceso, aunque sí en la percepción entre la opinión pública. En ambas narrativas hay "villanos" y "héroes". Si la parte acusadora domina la primera narrativa habrá logrado lo más importante, porque debe convencer al jurado de que el acusado cometió o no los delitos imputados. Si además tiene influencia en la otra narrativa, su posición es mucho mejor. En el caso de Guzmán Loera, hay una narrativa que no comenzó con el juicio, sino en la década de los noventa. Los defensores no mienten cuando dicen que la "leyenda de El Chapo" lleva años construyéndose, aunque aquí el término "leyenda" no es un "mito", sino una realidad.

En el libro *A narco history* (OR Books, 2016), de la escritora mexicana Carmen Boullosa –ex becaria de la Fundación Guggenheim y Premio Xavier Villaurrutia en 1989— y el ganador del Pulitzer, Mike Wallace, se narra cómo los gobiernos de México y los Estados Unidos crearon la llamada "Guerra contra las drogas", en la que el primero ha puesto los muertos y el segundo las armas. Dividido por periodos, comenzando desde 1910, el libro es un viaje a los momentos clave del narcotráfico en México y EE.UU. Ninguno de ambos países puede hacerse a un lado en esta problemática, ya que la droga se produce y empaqueta en México, pero se consume principalmente en su vecino del norte. Esto se remonta a muchos años antes a la crisis de opioides que actualmente padece los Estados Unidos. La "leyenda" de Guzmán Loera comenzó a tomar forma en la década de los noventa, en medio de las negociaciones del Tratado de Libre Comercio de América del Norte (TLCAN), durante los gobiernos de los mexicanos Carlos Salinas de Gortari (1988—1994) y Ernesto Zedillo (1994—2000) y de los estadounidenses George H.W. Bush (1989—1992) y Bill Clinton (1993—2000). En aquel entonces, "El Chapo" era una pieza poco visible del narcotráfico, pero pronto –narran los autores—se volvió la más visible al liderar junto a "El Mayo" Zambada el Cártel de Sinaloa, cuando la reorganización de los grupos delictivos dio nacimiento a las "plazas", una división territorial del país que permitiría el tráfico de estupefacientes de una forma "controlada", así el crimen realmente estaba organizado. Los líderes de ese grupo fueron nombrados por Miguel Ángel Félix Gallardo, el cabecilla de la Federación, que operaba desde Guadalajara, Jalisco. Estaban naciendo los "cárteles" con reglas para producir y distribuir droga sin afectarse unos a otros o afectándose lo menos posible. "Tres fueron situados al oeste de la frontera mexicana. El Cártel de Tijuana fue para los miembros de los Arellano Félix –los sobrinos y sobrinas de Félix Gallardo. El Cártel de Sinaloa sería controlado por los lugartenientes profesionales más destacados de Félix Gallardo, Ismael Zambada, alias "El Mayo", y Joaquín Guzmán Loera, alias "El Chapo"

("Chaparro") por su 1.70 de estatura. El comando del corredor de Sonora sería asumido por Miguel Ángel Caro Quintero, el hermano del encarcelado Rafael",[4] cuentan Boullosa y Wallace. En medio de un universo criminal en crecimiento, la historia de Guzmán Loera continúa en el libro y aparecen otros hechos destacados, como haber sido culpado de la muerte del Cardenal Juan Jesús Posadas Ocampo en el aeropuerto de Guadalajara en 1993. Para entonces ya había una guerra entre cárteles. Los socios se habían vuelto enemigos a muerte. "Manejó en medio de una pelea entre los pistoleros del Cártel de Tijuana de los hermanos Arellano Félix y de El Chapo Guzmán. La muerte del Cardenal generó varias explicaciones alternativas, una de las cuales asume que fue una víctima accidental. Pero cualquiera que fuera la causa, la consecuencia es que las batallas de la guerra del narco ahora tenían la capacidad de impactar a los más altos niveles de la sociedad mexicana. La tormenta mediática puso bajo presión al gobierno federal para hacer algo decisivo, y en dos semanas la policía en Guatemala había levantado y deportado a México a "El Chapo" Guzmán, donde fue encerrado en un penal de alta seguridad". La leyenda de Guzmán Loera había alcanzado uno de sus picos más altos.

Esa es parte de la historia que surgió en el juicio realizado en Brooklyn a Guzmán Loera, donde sus defensores hacían esfuerzos infructuosos por reducir el poder mediático de esta leyenda, ya que estaba

---

4 Rafael Caro Quintero es acusado por la tortura y asesinato en 1985 de Enrique "Kiki" Camarena, agente de la DEA asignado a Jalisco. Caro Quintero estuvo en prisión, nunca fue extraditado a EE.UU. La DEA lo tiene fichado como una prioridad, incluso ofrece veinte millones de dólares por su captura.

impactando el caso, pero la decisión que cambió la vida de este acusado no estaba más en la calle, sino en la sala del juicio en su contra. El propio juez habría quedado convencido de que la narrativa contra Guzmán Loera era sobrecogedora. En el periodo de espera para decidir si habría un nuevo juicio, la defensa del narcotraficante pidió que su cliente pudiera salir al menos dos horas a la semana al aire libre, a una terraza de la Correccional donde estaba preso en confinamiento, pero el juez Cogan rechazó la moción después de leer las posiciones de ambas partes. Su opinión evidenció que la narrativa de los fiscales federales había dominado. "Las condiciones de confinamiento del acusado se adaptan a su historia específica, incluyendo dos fugas previas de la prisión, así como crímenes específicos (…) participando en múltiples conspiraciones para matar a sus enemigos, hechos que fueron probados más allá de una duda razonable en el juicio", argumentó el juez Cogan. Esa fue la antesala a la negativa del impartidor de justicia para un nuevo juicio, proceso del que hablaré más adelante.

***

Antes de la captura de Guzmán Loera que lo llevó a Estados Unidos, específicamente a Nueva York, hubo un arresto en una hermosa playa mexicana, Mazatlán, un destino turístico que aporta el 11% del Producto Interno Bruto de la economía de Sinaloa, sin embargo, no está dentro de los destinos favoritos de los turistas internacionales, debido principalmente a que es uno de los destinos menos promovidos

y al efecto negativo que genera la inseguridad, según los propios reportes de la Secretaría de Turismo
mexicana. "El Chapo" fue capturado en un complejo
de condominios de nivel medio llamado "Miramar".
El narcotraficante estaba acompañado de su esposa
Emma Coronel y su hijas gemelas María Joaquina y
Emaly Guadalupe.

"¡Cielos!.. ¡Eres tú, eres tú!" fue la expresión
del agente méxico-americano de la DEA, Víctor
Vásquez, cuando estuvo frente a Guzmán Loera, a
quienes miembros de la Marina tenían arrodillado en
el estacionamiento subterráneo del condominio. La
historia era conocida. Fue narrada por varios medios
en México y contada por el propio Vásquez a periodistas como una fuente anónima. El 18 de enero de
2019, al agente lo cuestionó la fiscal Andrea Goldbarg
sobre los hechos ocurridos el 22 de febrero de 2014.
Vásquez –quien habla perfecto español e inglés– contó que él y los miembros de la Secretaría de Marina
mexicana llegaron a Mazatlán, luego de recibir información del grupo de Investigaciones de Seguridad
Nacional (HSI), una agencia que pertenece a la oficina de Inmigración y Control de Aduanas (ICE) de
los EE.UU., sobre la localización de Guzmán Loera,
a quien días antes habían buscado en cinco casas
con túneles en Culiacán Sinaloa, guiados por Mario
Hidalgo Argüello, "Nariz", el hombre más cercano a
"El Chapo", el que olía incluso sus alimentos, según
contó Alex Cifuentes.

La narración de Vásquez comenzó cuando durante en el operativo decidieron enfocarse en "Nariz"
–debido a su cercanía con el narcotraficante–, pero a
quien el agente de la DEA no conocía. "Sólo sabía
que era 'Nariz'… nariz corta, nariz larga, sin nariz",

decía que se preguntaba, desatando risas en la corte. Lo hallaron después de buscar en una fiesta, donde encontraron a 18 hombres y unas 10 mujeres, ya entrada la madrugada de un lunes. A todos los separaron para revisar si tenían un Blackberry, ya que era el modo en que Guzmán Loera se comunicaba con su gente. Entonces una mujer que cargaba a un bebé se levantó de su asiento y gritó a los marinos, se quejó de que su bebé estaba incómodo, pero en su apuro y nerviosismo dejó caer un teléfono. Descubrieron que "Nariz" se había escapado a otra casa, donde lo encontraron y pidieron que revelara la vivienda donde pernoctaba su jefe, había al menos cinco viviendas de seguridad y él estaba en la número cinco, pero llegaron ahí luego de revisar otros inmuebles.

En las casas encontraron objetos personales, como ropa, zapatos, objetos de limpieza, además de armas cortas y largas. En el baño de las recámaras principales la bañera tenía la función de una puerta que daba acceso a túneles de escape o escondite. El propio "Nariz" mostró una de las estructuras, explicando su funcionamiento, cómo abrirla. La última casa fue de donde escapó Guzmán Loera con su amante en turno, Lucero Guadalupe Sánchez López, "La Chapodiputada", quien narró frente a Emma Coronel, cómo escapó con el narcotraficante desnudo por un túnel conectado al sistema de aguas de Culiacán. "Fue horrible, nunca había estado en un lugar así... húmedo, lleno de agua, de lodo", narró. "(En la salida) había una puerta de acero... no sé... con una manija como rueda, había que darle vuelta para abrirla". Salieron cerca de un río, "donde está la Conagua en Culiacán", afirmó en referencia a la institución que administra el sistema que potabiliza y distribuye agua en México. Habían caminado durante más de hora y media, contó la "Chapodiputada".

Casi al mismo tiempo, el agente Vásquez recibió un mensaje del HSI, debido al sistema de espionaje que tenía esa agencia. El oficial Jack Zappone le informó a Vásquez que la gente de Guzmán Loera hablaba de llevar a éste a Mazatlán, Sinaloa, a un lugar llamado Miramar. En ese operativo participarían sólo entre 24 y 25 oficiales, un número considerado pequeño para una asignación tan peligrosa.

"Fuimos a una especie de Walmart... a comprar sandalias, trajes de baño", dijo el agente de la DEA. "Queríamos actuar como que íbamos a la playa a pasar la tarde". Se instalaron frente al edificio que describieron como un hotel, aunque se trata de condominios, donde estaría "El Chapo"; observaron las ventanas por si notaban movimientos, como alguien pretendiendo escapar. En ese puerto tampoco contactaron a autoridades locales. "La corrupción en el Estado era alta", justificó Vásquez. Los agentes debían evitar llamar la atención, así que se organizaron para revisar piso por piso. El oficial Vásquez estaba en cuarto nivel cuando escuchó por radio: "¡Siete, siete, siete... confirma, Vic!". El código se refería a que uno de los grupos de marinos había hallado a Guzmán Loera. El agente de la DEA se dirigió al estacionamiento subterráneo, porque él debía identificarlo. Los marinos habían puesto a Guzmán Loera de rodillas. "¡Eres tú, eres tú!", expresó Vásquez en la corte, como si estuviera viviendo nuevamente ese momento. "¡Parate!", contó que dijo al narcotraficante. "Estaba su esposa... Emma Coronel... y dos chiquitas", expresó en referencia a las gemelas de ambos. Al narrar esa parte miró con discreción hacia donde estaba Coronel, sentada en el mismo rincón de la Corte. Ella, como siempre, ni se inmutaba, escuchaba atenta, jugueteaba con su cabello y cruzaba las piernas.

El abogado de "El Chapo", Eduardo Balarezo interrogó al agente, buscando recovecos en su operativo y las fallas al intentar detener a Ismael "Mayo" Zambada. También quiso poner en medio la corrupción de políticos mexicanos. "No mencioné a políticos... Yo no lidio con políticos, señor", respondió Vásquez. El defensor –quien después fue despedido del equipo de abogados de Guzmán Loera— cuestionó sobre la supuesta intromisión de la DEA en México, pero Vásquez indicó que él no lideraba el operativo, que "guiaba a los marinos" y proporcionaba información de "inteligencia", además de "datos". ¿Por qué portaba un arma larga, entonces?, lanzó el abogado. "Por protección", atajó Vásquez, indicando que Culiacán es controlado por el Cártel de Sinaloa.

El agente de la DEA tenía razón sobre la corrupción en México, ya que Guzmán Loera escapó en julio de 2015 por un túnel desde una cárcel de máxima seguridad, una estrategia bien planeada a través de cartas –y de lo cual detallaré más adelante— que implicó la compra de custodios. Tras esa fuga, la presión de EE.UU. obligó al gobierno de Enrique Peña Nieto a recapturar a Guzmán Loera. Se concretó la madrugada del 8 de enero de 2016. Fue el arresto que lo refundiría en prisión. La primera vez fue en 1993 en Guatemala y las dos siguientes en Sinaloa, tras fugarse en un carrito de lavandería en 2001 y la del famoso un túnel de 1.5 kilómetros. Ya no habría escapatoria, no más túneles, no más pago a autoridades penitenciarias. Sus abogados lucharon en México por detener su extradición, pero la Corte Suprema negó sus solicitudes.

"El Chapo" llegó a la Gran Manzana el 19 de enero de 2017, un día antes de la toma de posesión del presidente Trump. De ese 19 de enero se dio a conocer un video el 12 de febrero de 2019, el día que el jurado lo declaró culpable de 10 cargos. Las imágenes documentan la tristeza del narcotraficante, quien había sido descrito como un hombre dominante, envalentonado, mujeriego, asiduo a las armas. Las autoridades federales filtraron el video donde se le ve rodeado de agentes de la DEA y del Departamento de Seguridad Nacional. Aunque no tiene sonido se puede ver al mexicano a bordo del avión, cuando se asoma por la ventanilla, luego lo llevan a la salida y lo introducen en un hangar y de allí es conducido al centro de detención especial. En algún momento, Guzmán Loera se enjuga las lágrimas, pero escucha atento las instrucciones de los agentes. Está desorientado. Era el principio de un viaje sin retorno.

***

En su reporte sobre los documentos hallados en Cabo San Lucas, el FBI no indica exactamente cuántas libretas se encontraron, pero una contiene un listado de extensiones, en referencia a los números telefónicos a los que corresponde cada uno de los miembros de la organización, comenzando con Guzmán Loera, a quien se refieren en ocasiones como "Inge" y al "Mayo" Zambada, a quien se ubicaba como "Comadre Cosina" (sic).

170 GATO
134 MEXICO
164 MARTIN
172 WERO
174 SUEGO M.
728 COMD. COSINA
724 VIRGO
756 LIC
746 MENOR
747 TOCAYO
713 GORDITO
755 ZAZAZA
717 PANCHITO
727 LIC. OMAR
748 ARTURO
732 QUINTA
739 PRIMO
752 MARTIN
753 GATO
777 PANCHITO
719 RATON
718 ROKE
712 SECRE
714 MANUEL

¿Quiénes son esas personas? ¿Qué funciones tenían en la organización? El testimonio del colombiano Christian Rodríguez permitiría conectar los "cabos sueltos". El FBI tenía otro as bajo la manga.

2. Traición y espionaje

Durante la primera parte del juicio a Guzmán Loera desfilaron personajes sorprendentes del narcotráfico. Los medios de comunicación se engolosinaron con sus testimonios. Verles los rostros, ser testigos de cómo reaccionaban al ver a su exlíder y, sobre todo, cómo éste los miraba. ¿Había desdén? ¿Odio? ¿Sed de venganza? Después de todo aquellos cooperantes de los fiscales federales decidieron velar por sus propios destinos y dejar en segundo plano a aquel con quien trabajaron y con quien fueron leales cuando los millones de dólares llegaban a sus bolsillos y había tiempo para fiestas, comprar casas, autos y otros lujos. Encerrados en prisiones estadounidenses, estos personajes sólo buscaban algo al cooperar con autoridades, primero con el FBI o la DEA y luego con los fiscales: salir lo mejor librados posible.

Cada uno de los cooperantes tenía un acuerdo con las autoridades, dependiendo de sus casos, pero no todos fueron revelados durante el juicio. Algunos lograron un 5K, una moción que los fiscales federales entregan al juez para que considere aplicar una sentencia mínima. Esta herramienta es clave para las autoridades, ya que pueden cooptar a personajes que encuentran la posibilidad de, por ejemplo, salir en pocos años de la cárcel en lugar de cumplir sentencias de 20, 30 o más años, dependiendo de los delitos de los que fueron acusados. Hay una condicionante en este tipo de negociación: la ayuda del cooperante debe permitir que haya una "sentencia sustancial" contra un acusado considerado de mayor nivel o importancia para el Gobierno de los Estados Unidos. En este caso, cualquiera de los socios de Guzmán

Loera, por más alto nivel que tuviera en la organización criminal, estaba por debajo del organigrama. Él era uno de los dos líderes reconocidos, el otro era Ismael "El Mayo" Zambada, pero para el gobierno de los Estados Unidos, "El Chapo" era un "pez más gordo", desde que fue considerado el "Enemigo Público Número Uno".

Entre los cooperantes que lograron el acuerdo mencionado líneas arriba están Vicente Zambada Niebla, "Vicentillo" o "El Elegante" –debido a su gusto por vestir bien, de saco o blazer y camisas *fashionistas*—, hijo de "El Mayo" y compadre de Guzmán Loera. Fue uno de los testigos más esperados, por dos razones: las mujeres –y quizá algunos hombres—querían ver si seguía siendo guapo, como era calificado incluso por periodistas y, lo más importante, qué diría sobre su Guzmán Loera que ayudara a los fiscales a convencer al jurado de ocho mujeres y cuatro hombres de que era culpable de los 10 cargos en su contra. A "El Vicentillo", de 44 años, no le había caído mal la prisión; se veía mayor, pero mantenía su talante de hombre con modales, elemento esencial para portar sus atuendos y ganarse el mote de "El Elegante". Fue detenido en México en 2009, extraditado a los Estados Unidos en 2010 y las autoridades lograron su cooperación en 2011. En 2013 se declaró culpable de todos los cargos en su contra, principalmente "participar en una vasta conspiración de tráfico de estupefacientes", en el Distrito Norte Federal de Illinois. La promesa fue una reducción de sentencia. Ese acuerdo fue revelado por el Departamento de Justicia hasta 2014.

En su último día como testigo contra "El Chapo" en la corte de Brooklyn, "El Vicentillo" fue cuestionado por el abogado Eduardo Balarezo sobre la "coincidencia" de que los aliados de su padre, "El Mayo", y hasta sus hijos hayan sido detenidos, menos él. Balarezo buscó acorralar al cooperante, tratando de evidenciar que había una conspiración en contra de su cliente, por lo que preguntó a "El Elegante" dónde estaban varios narcotraficantes y él respondió el destino de cada uno, incluso sobre los que murieron. La lista fue iniciada por Balarezo con Benjamín Arellano Félix y esepcificó su estatus actual: en prisión; continuó con Javier Arellano Félix, en prisión; Ramón Arellano Félix, muerto; Ignacio Coronel, muerto; Héctor Luis "El Güero" Palma Salazar, en prisión; Vicente Carrillo Fuentes, en prisión; Osiel Cárdenas Guillén, en prisión; Alfredo Beltrán Leyva, "El Mochomo", en prisión; Arturo Beltrán Leyva, muerto; Héctor Beltrán, muerto; Miguel Ángel Treviño, líder de Los Zetas, en prisión. Previo a la lista, Balarezo preguntó al "Vicentillo" dónde estaba él. En prisión, respondió. Luego preguntó dónde estaba su padre, si había sido detenido.

—Mi papá no ha sido arrestado ni en México ni en los Estados Unidos.
—Los amigos de él no han tenido tanta suerte.
—¡Qué le digo!

En la lista también se integró a Ismael Serafín y Jesús Reynaldo Zambada. Ambos detenidos.

Balarezo insistió en varias ocasiones sobre cómo "El Mayo" proporcionó información a su hijo sobre rutas de la droga hacia los Estados Unidos, frecuencias de radio y localización de establecimientos, en un par de conversaciones telefónicas supuestamente acordadas por el abogado del "Vicentillo".

"Mi abogado hizo los arreglos... para hablar de rutas de transporte, varias cosas... no recuerdo todo", afirmó Zambada Niebla. Agregó que su padre llamaba al Gobierno mexicano –sin precisar a quién— y éste conectaba con el abogado de su hijo, para establecer las conversaciones que duraron entre 8 y 12 minutos. "El Chapo" sabía de esas llamadas, pero él no se comunicó directamente con él.

Cuando Balarezo dejó al testigo, la fiscal Amanda Liskamm lo cuestionó si sabía que mentir era un delito, ¿qué prefería?, lo arengó. "Decir la verdad", respondió Zambada Niebla, quien en su acuerdo con las autoridades tenía establecido que mentir bajo juramento anulaba la posibilidad de reducir su sentencia. Los esfuerzos de Balarezo estaban enfocados en demostrar que Guzmán Loera era un mito, un personaje de leyenda, no el verdadero líder del Cártel de Sinaloa. Ahora sabemos que no logró su objetivo, pero era una de las estrategias clave. La mayor oportunidad de la defensa era con este testigo y los fiscales no tenían la intención de hacerlos avanzar en esa dirección, así que la ayudante del fiscal Liskamm reorientó las preguntas para derrumbar la estrategia.

—¿El acusado es un mito creado o es un narcotraficante?

—Sí es un líder, otro, como mi padre.

Liskamm quiso que "El Elegante" hablara de las relaciones que "El Chapo" tenía con el Gobierno federal mexicano, pero esta vez no se revelaron nombres, a diferencia del inicio del juicio cuando declaró Genaro García Luna, jefe de la Policía Federal durante el Gobierno del presidente Felipe Calderón.

"Tenían contactos en el Gobierno federal, en todos los niveles", indicó Zambada, quien agregó que Rodolfo Beltrán era uno de los intermediarios entre "El Chapo" y los funcionarios. Durante su cuestionamiento, "El Vicentillo" intercambió miradas en varios momentos con Guzmán Loera, quien lució relajado prácticamente todo el tiempo, incluso el último día de este testigo, a pesar de que no estuvo en la corte su esposa Emma Coronel, debido a sus vacaciones navideñas que se extendieron hasta el Día de Reyes. Cuando se despidió de "su compadre", como se refirió a Guzmán Loera en varias ocasiones, "El Vicentillo" levantó la mano derecha. "El Chapo" asentó con la cabeza, amable, sin sonreír. Era la última vez que se verían. Zambada Niebla había logrado parte de su acuerdo. Faltaba la sentencia de Guzmán Loera, que fue de cadena perpetua más 30 años de prisión.

El 21 de mayo se adelantaría el premio que los fiscales federales sugerirían para Zambada Niebla. La sugerencia fue una sentencia máxima de 17 años, a pesar de todos sus delitos cometidos. En el argumento de 23 páginas sugerido por John R. Laush Jr. y Erika L. Csicsila, fiscales auxiliares del Departamento de Justicia, afirmaron que la cooperación de "El Elegante" fue "extraordinaria", para el caso contra uno de los líderes del Cártel de Sinaloa. "El Gobierno recomienda que la Corte imponga una sentencia de 17 años de prisión", indicaron las conclusiones del documento enviado aquel lunes. "Esa sentencia equilibra la culpabilidad del acusado con su cooperación extraordinaria, y cumple con los objetivos establecidos en la Sección 3553 (a)". En la introducción del "Memorando de Sentencia" –marcado como

el documento 671 del caso y con cuatro páginas selladas– enviado al juez Rubén Castillo se hizo un
recuento del proceso de investigación, detención
y extradición (en 2010) de "El Vicentillo", quien en
2011 comenzó a cooperar con las autoridades estadounidenses, dado su papel en el Cártel de Sinaloa,
lo cual también permitió ampliar indagatorias contra
los Beltrán Leyva. "La cooperación del acusado se ha
dirigido a la dirección del Cártel de Sinaloa y uno de
sus rivales, la Organización Beltran Leyva ("BLO",
en inglés)… que culminó con cargos hacia docenas
de objetivos de alto nivel y cientos de sus asociados
en acusaciones en todo el país", expusieron los fiscales. "El acusado ha proporcionado información
consistente y verdadera al gobierno durante años, y
más recientemente rindió testimonio en el juicio del
líder del Cártel de Sinaloa, Joaquín Guzmán Loera
("Chapo") en Brooklyn, Nueva York". En la primera parte del documento los fiscales destacan que la
cooperación de Zambada Niebla "compensa" la
sentencia sugerida. Lo mejor era que a esos años de
prisión se descontarían a los que ya ha estado encerrado. Nada mal para un preso que enfrentaba la
cadena perpetua. A la sugerencia de castigo se agregó una multa de cuatro millones de dólares.

La fecha estaba marcada para el 30 de mayo de
2019. Ese día "El Elegante" se enteró de que el juez
Castillo no sólo aceptó la petición de los fiscales federales, sino que redujo la propuesta a 15 años. Aquel
jueves, "El Vicentillo" se convirtió en el primero de
los 14 cooperantes –en el juicio directamente— que
ayudaron a los fiscales federales de los Estados
Unidos a hallar culpable a Guzmán Loera. Antes de
darse a conocer su sentencia –que lo pondría en la

calle en menos de cinco años, al tomarse en cuenta 10
años en prisión–, "El Vicentillo" afirmó sentirse "mejor padre, mejor esposo", incluso que se sentía como
"un mejor hijo" y una "mejor persona", por lo que señaló que aceptaría cualquier decisión sobre su caso.
La decisión del juez fue un balde agua tibia para el
hijo de "El Mayo", ya que sus abogados habían hecho
una contrapropuesta a la de los fiscales, pidiendo 12
años. El juez Castillo se situó en un camino interme-
dio. La recompensa no fue nada despreciable.

***

Es un hombre de estatura baja, tez morena clara,
con varios kilos de sobrepeso, cabello corto. Cuando
entró a la sala del juicio, tanto "El Chapo" como su
esposa Emma Coronel parecían no querer perder
detalle de aquel personaje que estaba protegido por
el FBI. No había una sola foto de él, salvo una imagen de su rostro exhibida en la pantalla de la sala del
juicio; la imagen fue catalogada como la prueba 94
del 09-CR-466 (BMC); es de poco más de 230 grandes
pixeles que no permiten distinguir el rostro. Los ojos,
los labios y la nariz son simples cuadros de distintas
tonalidades de rojo, beige, negro y café. Sabiéndose
protegido por las autoridades, Christian Rodríguez
dijo su nombre ante el juez Brian Cogan y los miembros del jurado, prometió decir la verdad, una gran
verdad construida de diversos pasajes que ayudarían
a los fiscales federales a hundir a Guzmán Loera.
Entre los testimonios de cooperantes que causaron
conmoción hubo algunos testigos que mostraron
documentos sobre el transporte de droga, compra

de armas, pero lo que Christian ofrecía iba mucho más allá: audios, textos, estructura de comunicación del Cártel de Sinaloa. Dos años de oro molido para el FBI, desde que lograron cooptar a este ingeniero colombiano que obtuvo uno de los mejores acuerdos con las autoridades de los Estados Unidos, aunque no fue nada fácil para él, ya que ha padecido ataques de ansiedad, a niveles similares a los que una persona podría confundirlos con un paro cardíaco. Era demasiada presión, pero después de años de trabajo conjunto estaba listo para explicar paso a paso, detalle a detalle, cómo funcionaba el sistema de comunicación que Alex Cifuentes-Villa sugirió utilizar a Guzmán Loera. El día que "El Chapo" consideró que era una buena idea implementarlo para sus negocios dio un paso al abismo.

***

Además de ser una de las plazas donde el Cártel de Sinaloa sigue distribuyendo droga, Nueva York fue la ciudad donde el Buró Federal de Investigaciones logró cooptar a Christian Rodríguez, el ingeniero colombiano –también colaborador del Cártel de los Cifuentes-Villa– que desarrolló un sistema encriptado de telefonía y mensajería para Guzmán Loera y sus socios. El agente Stephen Marston, experto en crímenes cibernéticos, reveló que el FBI vigiló entre 2009 y 2010 a Rodríguez, quien se reunió con unas fuentes confidenciales en un hotel en Manhattan, pero no sabía que era grabado. Eran unos supuestos clientes para este ingeniero que utilizaba sus conocimientos para ganar mucho dinero en poco tiempo. Al verse inmerso en una negociación criminal, Rodríguez no tuvo otra opción que aceptar en 2011 la propuesta de los investigadores federales estadounidenses. "Aceptó acercar información del sistema de llamadas de 'El Chapo'", reveló Marston en la Corte de Brooklyn. Rodríguez ya había sido mencionado en el juicio por Jorge Cifuentes, cuyo hermano, Alex, vivía en las montañas de Sinaloa con Guzmán Loera. Originalmente se reveló que hubo una falla en el sistema de llamadas, pero el periodo coincide con el tiempo en que el FBI escuchaba las conversaciones del Cártel de Sinaloa. Se interceptaron alrededor de 1500 llamadas, de las cuales en unas 200 se escucha la voz de "El Chapo", según documentos judiciales. El agente Marston reconoció la voz de Guzmán Loera en tres audios distintos.

Christian no colaboraría gratuitamente. Jeffrey Lichtman, uno de los abogados de la defensa de Guzmán Loera, destacó los beneficios que el FBI otorgó a sus "cooperantes proactivos". Ante objeciones de los fiscales federales –y la venia a regañadientes del juez Brian Cogan— el defensor puso en evidencia que dicha cooperación no pudo ser posible sin los altos beneficios que obtuvieron Rodríguez y una mujer llamada Andrea Vélez, otra de las informantes "encubiertas", ex asistente de Alex Cifuentes. El fiscal Michael Robotti quiso adelantarse a Lichtman y apenas iniciada la audiencia del 10 de enero de 2019 preguntó al agente Marston cómo se benefició Rodríguez por dar acceso al sistema secreto de comunicaciones del narcotraficante mexicano, donde entablaba conversaciones por teléfono y mensajes con alrededor de 100 personas. Marston reveló que el gobierno de los Estados Unidos pagaría $460 000 dólares a Rodríguez por su ayuda, además de integrarlo el programa de testigos protegidos en un lugar desconocido y cubriendo los gastos generados por su ayuda. Su labor: cooperante proactivo del FBI. A Vélez también le pagaron: $290 000 dólares, le dieron la visa S (que se otorga a los informantes cooperantes) y la reubicación en Estados Unidos. Su labor: cooperante proactiva. Ella no testificó, pero dio su testimonio el día de la sentencia.

Los montos por las reubicaciones no fueron revelados, pero el abogado Lichtman –con preguntas irónicas– destacó la "conveniencia" de los acuerdos, incluso cuestionó al agente Marston si Rodríguez no había cometido demasiados delitos como para enfrentar la cárcel de por vida. El oficial del FBI dijo que tal vez. Las objeciones de los fiscales hicieron que el juez limitara a la defensa de "El Chapo" a hacer mofa de los acuerdos que ayudaron a hundir a su cliente en prisión. Sobre Vélez, Lichtman fue más allá: "Pudo estar sentenciada en Nueva York y enfrentar prisión". El agente Marston atajó y dijo que ella sí enfrentaba prisión. Su intento de defensa fue peor, ya que la colombiana recibió sentencia, pero no piso un día la cárcel. "Ni un día", dijo Lichtman. "¡Objeción!", gritó uno de los fiscales.

La ayuda de Rodríguez permitió al FBI revisar más de 1500 llamadas y mensajes de celular, pero "El Chapo" sólo participó en alrededor de 200, tanto con socios, como con autoridades policiacas, su esposa Emma Coronel, y sus amantes, a quienes el narcotraficante vigilaba.

Con el apoyo de Rodríguez, los agentes del Buró pudieron obtener contundentes audios y generar conexiones entre información del "fallido operativo" del primer capítulo de este libro, ocurrido en febrero de 2012 en Cabo San Lucas, México, las llamadas y los códigos utilizados para realizarlas. Varios de los números y apodos enlistados en el final del anterior capítulo fueron confirmados en el proceso de investigación—espionaje del FBI—. Christian, sin embargo, tenía que explicar detalladamente en qué consistía el dichoso sistema de comunicaciones. Lo haría frente a Guzmán Loera y no sería fácil, tras reconocer que había padecido varios ataques de ansiedad por miedo a que él y su familia fueran encontrados y ejecutados por el crimen organizado.

***

El sistema FlexySPY permite a cualquier persona espiar teléfonos celulares sin importar dónde se localice, ya que la aplicación se puede monitorear en forma remota. El agente Marston explicó cómo el equipo, instalado por Christian Rodríguez en el sistema de comunicación del Cártel de Sinaloa, rindió los frutos necesarios: se interceptaron llamadas, mensajes SMS y el sistema de mensajería de los BlackBerry, y correos electrónicos. El usuario del equipo telefónico nunca se dio cuenta. Ni el FBI ni la DEA explicaron qué hicieron con mucha de la información que escucharon, porque lo presentado en la Corte fue mínimo comparado con las horas y la cantidad de mensajes reportados. El objetivo fue hacer el nexo entre lo hallado en los operativos de cacería de "El Chapo" e información directa que se pudiera utilizar legalmente. Con la cooperación de Rodríguez, las autoridades estaban cubiertas, no importaba que tuvieran que pagar miles de dólares por ello. Legalmente podían utilizar la información que parecía absurda en papeles escritos quizá por "El Chapo"… quizá por alguien más.

***

La ficha técnica del FBI sobre Emma Coronel tenía más información sobre Guzmán Loera que acerca de ella misma en el sistema de comunicación de la organización. Lo más importante, podría decirse, incluyendo datos personales que, como se mencionó al inicio de este libro, pudieran parecer absurdos, como el número de su calzado o la talla de los pantalones del "El Chapo". Mucha de esa información, como se indicó, fue obtenida en trabajo de campo, pero dada la complejidad del caso, las autoridades tenían que cerrar las rendijas legales posibles y el sistema FlexySPY les ayudó.

De este modo, la Prueba 511-5 integró la información, haciendo de entrada referencia a uno de los BlackBerry utilizado por Emma Coronel, el número 11, donde se identificaba a "J". Ese número contenía información personal relacionada con ella, Guzmán Loera y sus hijas, así como con los asistentes cercanos al líder del cártel. A él se referían como "Don Joaquín", "Mr. Joaquín" y "Papi". Los nombres de las gemelas también fueron integrados: Emali (sic) y María Joaquina, mejor conocidas como "Reynitas", nacidas el 15 de agosto de 2011. Los ayudantes cercanos: "Chachimba", "Doña Consuelo" y "Cóndor". Se especifica que Guzmán Loera calza del 7 mexicano y usa pantalones tallas 32 de cintura y 30 de largo. Esa información fue obtenida en la redada de El Cabo, de donde logró escapar, dejando atrás –indica el informe— a María y a Ángel. Los documentos que las autoridades tenían incluían la aplicación de pasaportes de las gemelas[5] y cartas de Guzmán Loera a Emma y a las niñas.[6] En Los Cabos, se indicó, fueron arrestados Ángel Jorge López Urias, María Luisa Macías y Agustina Cabanillas Acosta[7].

Prueba 511-5
09-CR-466 (BMC)

United States v. Joaquin Guzman Loera
Flexispy: Identifying Information in CharlyBlack11

- Screenname: "J"
- Referred to as: Don Joaquin, Mr. Joaquin & Daddy
- Daughters' Names: Emali & Maria Joaquina, aka "Reynitas"
- Daughters' DOB: August 15, 2011
- Associates: Cachimba, Dona Consuelo & Condor
- References to Raid on Feb. 22, 2012
    Shoe Size: Mexican 7 (US 8.5-9)
    Pants Size: 32/30
    Maria & Angel Left Behind

---

5 En una entrevista, Emma Coronel señaló que escuchar y ver el nombre de sus hijas en el juicio de su esposo fue lo más doloroso que vivió. No los crímenes relatados. Sentía que ellas no tenían nada que ver con esta historia, aunque su propia historia estará marcada por la de su padre.

6 El nombre de Emmaly fue escrito en diferentes formas por las autoridades, como Emali, Emmely o Mali.

7 Agustina Cabanillas Acosta es "La Fiera", una de las amantes de Guzmán Loera, a la que Emma Coronel también puso atención cuando su fotografía fue revelada en la Corte. Era información pública, pero los detalles amorosos de los mensajes aportaron pimienta y sal a la historia del narcotraficante.

Public Documents
- US Passport Applications for: Emali & Maria Joaquina Coronel
- Birth Certificates for: Emali & Maria Joaquina Coronel
    Mother: Emma Coronel
    DOB: August 15, 2011
- Defendant's MCC Letters
    References to: Wife Emma, Emmely ("Mali"), Maria Joaquina & "Reynitas"

February 22, 2012 Raid in Los Cabos, MX
- Arrest of Angel Jorge Lopez Urias, Maria Luisa Macias & Agustina Cabanillas Acosta
- Recovery of Size 9 Shoes (US) & 32/30 Sized Pants

La investigación a Guzmán Loera incluía a su familia con quien el narcotraficante compartía alguna información que, por simple que pareciera, era importante en la administración diaria de "La Empresa", como a veces "El Chapo" y sus socios se referían al Cártel de Sinaloa.[8] La Prueba 511-4 es la ficha técnica de Emma Coronel con base en la información obtenida en varios operativos y el sistema de espionaje. Su esposo la identificaba como su "Reynita", pero también era ubicada en el sistema de comunicación como "Mi amor" o "Mami". Su

---

8 Aunque suene sofisticado llamar a un grupo criminal como una "empresa", en realidad lo es, ya que debe operar como tal, considerando ingresos, egresos, ganancias, pérdidas, capital humano y un largo etcétera, como lo explica el periodista de *The Economist*, Tom Wainwright, en su libro *Narconomics: How to Run a Drug Cartel* (BBS Public Affairs, 2016), tras cubrir la operación de cárteles en México.

correo electrónico de entonces era Reynita_guzman@
hotmail.com, pero Emma Coronel cambiaba sus di-
recciones constantemente, lo cual fue confirmado a
este periodista por una fuente la defensa de Guzmán
Loera. Ella tenía que cuidar lo que compartía y con
quién hablaba. La mejor forma de hacerlo era cambiar
su dirección de correo. Si alguien lograba obtener la
vigente no esperaba que ella respondiera rápidamen-
te. Regularmente se tardaba entre tres o cuatro días.
La manera de saber que había cambiado la cuenta
era simple: ella dejaba de responder. En una ocasión
estaba platicando Emma en el lobby del piso 8 del tribunal en Brooklyn. Ella acababa de darme su correo
electrónico vigente, apenas había terminado de escri-
birlo con su puño y letra, cuando se me acercó un
personaje a quien los periodistas identificamos como
Rodrigo Pineda Cambodia con base en el pasaporte
mexicano que mostraba a alguaciles que controlaban
al ingreso a la sala de audiencias. Minutos antes había intentado obtener la información de contacto de
la esposa de Guzmán Loera, pero ella no quiso dár-
selo, así que intentó conmigo, pero por razones éticas
no podía compartirlo. Pineda Cambodia se volvió
famoso –y un personaje poco deseable—entre periodistas, luego de que su primer día en la corte, sin
saber que había una lista de control de asistencia, se
metió casi al inicio de la fila, provocando la molestia de los reporteros que llevaban horas esperando el
inicio de la audiencia del día. A Pineda Cambodia se
le hizo fácil formarse sin preguntar, mostrando una
actitud agresiva cuando fue cuestionado. La mayoría, si no es que todos, los asistentes a la corte nos
conocíamos, por lo que un nuevo personaje llamaría
la atención, especialmente cuando no revelaba sus

datos personales y se mantenía incógnito y retador. Después de ese primer incidente, Pineda Cambodia intentó uno más, pero esta vez varias reporteras le cerraron el paso, aunque a él no le importó ser más alto y verse evidentemente más fuerte que cualquiera de ellas. Coincidió que mi lugar, el cual debía defender, era uno de los afectados, así que me paré frente a él, acción que no le gustó y me empujó, pretendiendo quitarme. Algún derecho sentía tener en la audiencia, pero le dije que era mejor marcar su distancia conmigo. Me arrepentí después, porque como él, otros personajes desconocidos llegaban a la corte. Uno de los aspectos que confirmé durante este proceso es que a los miembros del crimen organizado no les importan las críticas. Ellos se sienten con derecho de tomar lo que quieran. Varios periodistas lo intentamos, pero no logramos confirmar que Pineda Cambodia fuera parte del grupo de Guzmán Loera, aunque su actitud lo mostraba seguro de tener "un lugar especial" en la corte.

Volviendo a la ficha técnica de Emma Coronel, ésta incluía datos sobre su esposo y sus hijas, como sobre los pasaportes y fecha de nacimiento. La información también incluía algunas expresiones utilizadas entre la pareja, ya fuera en referencia a ellos o a sus gemelas, como la palabra "papito". La información presentada sorprendió a Emma Coronel, quien por primera vez, el 9 de enero de 2019, vio su rostro proyectado en la sala del juicio. Sería la imagen con la que se le ubicaría durante el resto del proceso, se distribuyó en medios internacionales y es posible hallarla con una simple búsqueda en internet. Se veía más joven, su piel lucía más blanca –quizá por la luz del lugar donde se tomó la imagen–, los labios

–aunque carnosos– son más delgados que los actuales, el cabello negro casi azabache es el mismo. En la Corte incluso se comentó quién era más bonita, si ella o Agustina o la "Chapodiputada". La frivolidad cabe en todos lados.

Prueba 511-4
09-CR-466 (BMC)

United States v. Joaquin Guzman Loera
Flexispy: Identifying Information in CharlyBlack11

- Screennames: ReYniTaa CoRonel/=), rC, r.C EmalY Y M joaqina, r.C, Las reynaAs({}), La reYnaA({})feliz dia papito te amamoS=*=*

- Referred to as: My Love, Mommy

- Daughters' Names: Emali ("Mali") & Maria Joaquina ("Kiki"), aka "Reynitas"

- Daughters' DOB: August 15, 2011

Public Documents

- US Passport Applications for: Emali & Maria Joaquina Coronel

- Birth Certificate for: Emali & Maria Joaquina Coronel

  Mother: Emma Coronel

  DOB: August 15, 2011

- US Passport Applications for Emma Coronel

  Email Address: *CoronaReyna0@icloud.com*

- Defendant's MCC Letters

References to: Wife Emma, Emmely ("Mali"),
Maria Joaquina & "Reynitas"

Other Accounts

* Reynita –SMS

    Referred to as: Emma

    Email Address: Reynita_guzman@hotmail.com

* Black01

    Daughters' Names: "Mali" & "Kiki"
Daughters'

    DOB: August 15, 2011

***

Durante tres años, el FBI grabó cientos de conversaciones y mensajes de texto entre Guzmán Loera,
sus socios, colaboradores, familia y amantes. El agente Marston explicó algunos de los audios grabados
y los comparativos que debieron hacerse para confirmar la identidad de "El Chapo", ya que podían
escucharlo con el sistema de espionaje, pero no confirmar que realmente era él. Ese recoveco fue utilizado
por la defensa para cuestionar que la voz atribuida
al mexicano podía ser otra persona. La duda se dio
porque los investigadores federales no presentaron
a un experto que confirmara, con pruebas de sonido, que Guzmán Loera era realmente Guzmán Loera.
Marston reconoció que él no era experto técnico en

identificar voces, pero defendió que su experiencia escuchando a "El Chapo" durante tres años y luego en videos que circularon por internet eran suficientes. El FBI también utilizó el video publicado por la revista *Rolling Stone*, de la entrevista grabada en 2015 de Guzmán Loera hecha por Sean Penn, ayudado por Kate del Castillo.

En uno de los audios, por ejemplo, se escucha a Guzmán Loera dar indicaciones a una mujer de cómo llegar a casa de Ismael "El Mayo" Zambada, en medio de una zona montañosa, pero que ya había sido pavimentada. En otra, un sujeto reclama a "El Chapo" que un hombre apodado "Chango" le pidió ayuda contra sus enemigos y el sinaloense se negó, algo que Guzmán Loera rechazó haber dicho. La intriga en el Cártel de la que el propio Guzmán Loera habla en sus cartas, estaba presente en todo momento. Marston presentó una tercera llamada, la de una mujer en Mexicali que hablaba con el líder del grupo criminal.

—¡Bueno! ¿Cómo le va hermosura?
—Precioso, ¿cómo está?

La plática se centra en las presiones que tiene la mujer para vender una camioneta de Guzmán Loera, pero ella se niega. Lo importante en la conversación no era lo que decían, sino ubicar la voz del narcotraficante.

Marston reconoció que el FBI enfrentó problemas técnicos, algunos de los cuales fueron resueltos por Rodríguez, quien tenía acceso al sistema remotamente en servidores de Canadá y Holanda, pero el agente dijo que decenas de las llamadas eran realizadas con números telefónicos de México.

La mayor complicación que tuvieron los agentes fue la encriptación de los mensajes, ya que el receptor recibía una clave con la que podía revisar los textos, algo que el sistema de espionaje no les proporcionaba.

***

Cuando entró a la sala de la Corte, Christian Rodríguez lucía nervioso, caminó directo al banco desde donde sería interrogado. No volteó a ver a Guzmán Loera ni a Emma Coronel, quienes pocas veces le quitaron la vista de encima, como si quisieran memorizar cómo lucía. Después de todo tenían al menos ocho años de no verlo. Una persona puede cambiar poco en ese tiempo, pero también puede hacerse ajustes en el rostro, cambiar el estilo de corte del cabello, haber subido o bajado de peso. Eso cambia la fisonomía de las personas.

Apenas pasaba los 20 años cuando Rodríguez comenzó a trabajar con la organización de tráfico de drogas los Cifuentes-Villa, la cual que operaba en Colombia, Ecuador, Panamá, México y España. Su vida parecía "de ensueño", ya que trabajaba como ingeniero programador en computación y comunicaciones, su profesión soñada, pero lo mejor era que cobraba miles de dólares, suficiente dinero para mantener a dos familias. No había momento para aburrirse, pero con el tiempo su ajetreada vida terminó por colapsar sus nervios, como lo evidenció el abogado Eduardo Balarezo, uno de los defensores de "El Chapo". Las preguntas fueron simples. Balarezo tenía en la mira mostrar a Rodríguez, aún joven, como un personaje poco fiable, interesado solamente en el dinero, en engañar a la gente –considerando sus dos familias–. Con un escueto "sí", Rodríguez respondió a los cuestionamientos de Balarezo su amor por la computación; también reconoció que ganó hasta $500 000 dólares por su trabajo con Guzmán Loera y obtuvo al menos $460 000 dólares adicionales, una visa S, protección y reubicación en Estados Unidos, además de su libertad por ayudar al FBI. Nada mal para un joven inexperto en el crimen organizado con credenciales probadas para adquirir sistemas de comunicación, echarlos a andar y administrarlos.

—"Es un ganar-ganar", dijo el abogado Balarezo al describir todos los beneficios que obtuvo el colombiano de 32 años de cuando testificó.

—"¡Objeción!", gritó uno de los fiscales federales para evitar que se hablara más del tema.

Balarezo encontró otras vías para evidenciar los beneficios y consecuencias que enfrentó Rodríguez, incluidos sus problemas de salud.

—¿Usted no tenía miedo?
—Sí.

Rodríguez estaba bien entrenado para responder escuetamente y no dar pie a preguntas más comprometedoras, pero el abogado tenía una as bajo la manga: el día en que Dolly Cifuentes le cuestionó a Rodríguez su lealtad. Le preguntó si "estaba dentro o no de la organización", luego de que él escuchara una llamada telefónica donde ella decía estar convencida de que era un soplón. Rodríguez aseguró que

"El Chapo" nunca lo amenazó, pero sabía que él y sus socios ya lo consideraban una "rata", un "sapo", como dicen en Colombia.

Aunque Rodríguez quería mostrarse como una "víctima", una persona que tomó malas decisiones con tal de obtener dinero fácil. Balarezo puso en evidencia que también tenía mente criminal. En 2009, cuando el ingeniero estaba en la mira del FBI, unos agentes encubiertos –supuestos mafiosos rusos– se reunieron con él en un hotel en Manhattan en Nueva York.

—No era la única vez que había colaborado con criminales, espetó Balarezo

Esa ocasión, Rodríguez estaba dispuesto a ayudar a los presuntos delincuentes rusos a mejorar sus sistemas de comunicación, algo que ya había hecho con los colombianos y los mexicanos, pero era una trampa y aunque no se cometió un delito en sí, era claro que el sudamericano creía que podía hacer más dinero. Estaba entrampado. El FBI lo puso contra la pared. La vida acelerada del experto en telefonía y computadoras apuraba la velocidad nuevamente y la factura le llegó dos años después. En 2013 sufrió un colapso nervioso tan severo que le impedía dormir, no podía pensar con claridad y esto lo llevó a recibir terapia de "electroshocks" y a perder parcialmente la memoria. Los fiscales federales intentaron evitar que la defensa de "El Chapo" utilizara esto como parte de su caso. Era claro que Balarezo quería enfatizar que el colapso nervioso de Rodríguez se había debido a su colaboración con el FBI, de manera obvia, esto último era algo que los fiscales querían evitar. Al final, lo cierto es que la vida de Rodríguez era ya demasiado complicada. Las dos familias que tenía aderezaban la ya de por sí extracondimentada situación del joven.

—¿El estrés tenía que ver con el trabajo que estaba haciendo?
—Correcto.

Rodríguez sabía que el interrogatorio iría por esa vertiente, también lo sabían los fiscales, por ello el testigo usaba monosílabos. Respuestas cortas.

—¿Habló con el doctor de los riesgos?
—Sí.
—Pudo perder la memoria, ¿verdad?
—Correcto.

Esa pregunta era sustancialmente peligrosa para los fiscales, porque en el caso técnico contra Guzmán Loera, el nexo entre la información hallada en redadas y las grabaciones y mensajes podían perder credibilidad. Balarezo jugó una carta fuerte al insinuar que Rodríguez era bipolar.

—¡Objeción!

El juez Cogan pidió a Balarezo mantenerse a raya sobre el tema, pero quiso cerrar esa parte del cuestionamiento destacando "la conveniencia" de que al joven se le olvidaran las "cosas".

—Especialmente nombres… fechas.
Las pruebas estaban ahí, había documentos, pero un desliz sobre la precisión en tiempos y quién hizo

qué abriría la puerta a miles de dudas. Balarezo se esforzó, pero no logró el cometido. Vinieron entonces cuestionamientos sobre la irresponsabilidad civil de Rodríguez, ya pintado como un personaje adultero, criminal, debido a que no pagó impuestos por el dinero recibido por parte del FBI, aunque debía hacerlo, pero no fue perseguido. Nuevamente el FBI lo salvó. Balarezo dejó claro que eso era un delito. Cualquier ciudadano que tiene ingresos sabe que debe reportarlos a la Oficina de Recaudación de Impuestos (IRS, por sus siglas en inglés) o será perseguido penalmente por evasión. Él fue perdonado.

—Fue el acuerdo al que llegué con mi abogado.

Balarezo lo sabía, pero de cualquier modo quería establecer que Rodríguez veía más por sí mismo que por nadie más. El acuerdo de 2017 que citó desglosó algunas finanzas del colombiano: departamentos y un terreno en Colombia con valor de $490 000 dólares; más el pago del FBI en depósitos de entre $3000 y $70 000 dólares. Nada mal para un colaborador del crimen organizado.

—Usted no quería pagar impuestos por ese dinero… no llenó el formulario del pago de impuestos.

Rodríguez escuchaba en silencio.

—Usted le estaba mintiendo al gobierno.

Rodríguez se defendió afirmando que no mintió, porque "nunca le preguntaron" y cuando lo hicieron simplemente dijo que no había pagado los $35 000 dólares que debía al IRS, con el que llegó un acuerdo para cubrir su deuda en mensualidades. Es decir, no solamente no había reportado originalmente sus impuestos, sino que llegó un acuerdo para pagar, ¡el cual incumplió!

—Debo $20 000.

Rodríguez cree que merece la recompensa de cinco millones de dólares por la captura de Jorge Cifuentes ofrecida por la DEA. Espera lograrlos. Sería el negocio redondo: no pasar tiempo en prisión y terminar siendo millonario. El defensor de Guzmán Loera no quería dejar ir aquel testigo sin recordar que nunca pisó ni pisaría la cárcel.

—Por los delitos que ha cometido, ¿cuántos años ha pasado en prisión?
—Ninguno.
—¿Meses?
—No.
—¿Semanas?
—No.
—¿Días?
—No.
"¡Objeción!", gritó un fiscal. El juez Cogan pidió parar el cuestionamiento, pero Balarezo se dirigió a su lugar casi balbuceando.

—¿Minutos?... ¿segundos?

Las risas se escucharon en la sala. Guzmán Loera veía cómo su excolaborador rendía testimonio en su contra, fue premiado habiendo cometido varios delitos, participado en la conspiración de varios más y, en cambio, obtendría puros beneficios. Si alguien vive en carne propia la definición del crimen perfecto es Rodríguez. Los acuerdos con autoridades lo eximen, pero el daño que con su contribución causó a la sociedad, directa o indirectamente, dejó marcadas a millones de familias.

***

Christian Rodríguez pudo estar nervioso al tener que declarar frente a Guzmán Loera, pero durante la rendición de su testimonio quedó claro que sabía de lo que hablaba. La referencia a datos técnicos y la explicación de cómo operaba el sistema de comunicación confirmaron sus conocimientos. El experto se convirtió en una especie de "cereza del pastel" que los fiscales tenían preparado contra Guzmán Loera, porque cerrarían los círculos abiertos sobre todos los pasajes que habían mostrado durante el juicio. El hombre de 32 años, cuestionado por la fiscal Andrea Goldbarg, contó que conoció a Guzmán Loera en las montañas de Sinaloa, luego de que su jefe en Colombia, Jorge Cifuentes, le dijera que debía visitar a su medio hermano Alex Cifuentes en México, donde "tenía necesidades especiales", en referencia al sistema de comunicación, ya que enfrentaba "problemas con la tecnología". No sabía que iría a las montañas de Sinaloa y que su viaje sería tan estresante. No era para menos, si iba a encontrarse con el "enemigo público número uno" de los EE.UU.

Al estar en las montañas, "El Chapo" enfrentaba serios problemas de comunicación, a pesar de contar con celulares y teléfonos satelitales, pero los primeros no funcionaban, debido a que en la región no había señal de internet y los segundos fallaban durante las intensas lluvias. Christian Rodríguez tenía que resolver esos problemas y garantizar que el sistema fuera seguro. Así lo contó primero Alex Cifuentes y lo confirmó el experto en comunicaciones.

Rodríguez llegó a Culiacán, la capital de Sinaloa, desde donde lo llevaron a una pista clandestina de aviones, allí abordó una avioneta que hizo un viaje de entre 25 y 30 minutos a las montañas, donde vivía Guzmán Loera. La presentación con el capo más importante del momento fue simple, seguida de una explicación de los problemas. "¿Cómo puedes mejorarlo?", le preguntó "El Chapo". Christian le explicó cómo funcionaba la red que instaló para los Cifuentes en Colombia, para la cual necesitaban internet de alta velocidad. Eso significaba la colocación de antenas replicantes de señal. No había tiempo que perder, así que Rodríguez dio instrucciones para la instalación de acceso a internet, –en un segundo viaje– demostraría cómo funcionaba el sistema para los miembros del Cártel de Sinaloa. En su siguiente viaje, el experto ya tenía todo listo, una réplica personalizada de lo que operaba en Colombia. La prueba de fuego fue una llamada telefónica a través de la red. "Les gustó", respondió a la fiscal Goldbarg cuando cuestionó sobre la reacción de Alex Cifuentes y Guzmán Loera.

El sistema permitía conectar teléfonos a servidores desde cualquier parte del mundo, a fin de realizar llamadas sin que pudieran ser rastreadas, esto debido a que sólo los miembros del grupo autorizado conocían las extensiones correspondientes, además de incluir un sistema *firewall*,[9] para evitar *hackeos*. En términos concretos "funcionaba como el sistema de una compañía", pero externos no podían llamar a esos números sin conocer la ruta, expresó Rodríguez.

"El Chapo" mandó instalar el sistema en 100 teléfonos con el mismo número de extensiones, pero "El Señor" –como también se referían a Guzmán Loera– tenía tres números y aunque la infraestructura tenía la posibilidad de enviar mensajes de texto, el líder del cártel prefería llamar por teléfono, así que pidió priorizar ese sistema, aunque también llegó a enviar mensajes, sobre todo entre su esposa Emma Coronel y para comunicarse con las hijas de ambos, a quienes se refería como "reinitas".

Aunque Christian Rodríguez dio acceso al personal del FBI para monitorear las llamadas, los mensajes por Blackberry no podían revisarse con facilidad, ya que había claves que sólo el emisor y el receptor recibían para poder abrirlos. Los agentes estadounidenses tuvieron que pedir acceso a un servidor de Amazon y solicitar ayuda a empresas y a los gobiernos de Canadá y Holanda, donde estaban los servidores, para obtener los datos.

La estructura costó $100 000 dólares al Cártel de Sinaloa, los cuales fueron entregados en efectivo en México y Colombia, confirmó Rodríguez, aunque el colombiano dijo al abogado Eduardo Balarezo que en

---

9 Un sistema *firewall* ayuda a monitorear y controlar el tráfico de red entrante y saliente con base en reglas de seguridad predeterminadas. No hay modo en que un externo ingrese a la red sin ser localizado, a menos que le sea asignado un número de acceso por parte del administrador. Eso hizo Christian Rodríguez con el FBI.

total ganó $500 000 dólares por su trabajo de varios años.

Además de Rodríguez uno de los técnicos de Guzmán Loera, conocido como "Bejamín" era el único que podría dar acceso a un tercer participante en el sistema, el cual fue utilizado por el líder del cártel de 2008 a 2012, el mismo año que hubo un fallido operativo en su contra en Los Cabos San Lucas, Baja California. De abril de abril de 2011 a enero de 2012, los agentes estadounidenses ya habían obtenido la información de más de 1500 llamadas y mensajes, algunas de las cuales se mostraron en el juicio, donde se escucha a "El Chapo" hablar de su "empresa", coordinar a su gente, pedir ayuda a policías y hablar con sus mujeres.

***

La Prueba 817 es un documento de 10 páginas con registros de 338 llamadas hechas con el sistema de comunicación del Cártel. La mayoría son en México, pero hay registros de comunicaciones a Colombia, Costa Rica y Perú. Guzmán Loera era consciente de la importancia de mantener el mayor control posible de su sistema de comunicación y así lo expresa en una llamada cuyo interlocutor no fue identificado en el archivo GX601I-7A_Clip 1, donde reconoce que las autoridades tienen grabada su voz, además de que es buscado. Se refieren a operaciones en el sur del país y a operativos de la Policía (Azules) y el Ejército (Verdes), así como en la necesidad de "no confiar" en nadie y "darle la vuelta" al Gobierno. La llamada dura 4 minutos y 38 segundos.

—Sí, sí, señor, ahí estamos en comunicación, casi.. hablamos, pues casi a diario. Nada más que ahora no... ya no hablamos. Yo me salí del Sector y... este... y ya no hablamos ahora... Le comenté ahí a Alejo si me autorizaban, a ver si me podían hacer un... arreglar algún telefonito para... más seguro para estar hablando ahí con él.

—Sí, ya me dijo, nomás que estos teléfonos yo... están encriptados pa' la voz, no para... si este teléfono cae en manos de los gobiernos, pues como son de chip... este, este... la seguridad es para la pura voz y como a mí me la tienen grabada.

—Sí, señor...

—Entonces.. es para pura seguridad. Entonces yo ya le expliqué a Ale... que tú lo que tienes que cuidarte de la ubicación... de un chip... la voz qué, a ti no te buscan.

—Sí, sí, señor.

—Ahora hay una cosa... te vamos a confiar más y yo no quiero mañana o pasado... ya ves mi compadre Alfredo y yo, pus la verdad este, hay gente cabrona que... que trata de amarrar navajas y yo, la verdad, pues yoo.. (inentendible) yo te estimo y...

—Sí... sí.

—...Y yo sé que mi compadre... (inentendible)... yo ustedes... allá ustedes, yo a los muchachos míos... pues somos amigos.

—Sí... gracias.

—Y este... te voy a decir una cosa como amigos, si tú agarras una extensión esta... nomás... una extensión con Felipe, pus... Felipe te quiere traicionar, pues pa' él mejor, nomás este teléfono vas a traer, así de otra manera agarra uno... hablas y tíralo... agarra otro, habla y tíralo y así jamás te van a buscar, jamás.

—Ándele... no pos muchas gracias señor... de todos modos yo quise comentarle y ver si hay alguna manera de que no... luego se mueve uno a un lugarcito pa' estar más seguro y pos de todos modos está saliendo la llamada o recibiendo del lugar y pos está uno en la zona de todos modos.

—Es que yo las extensiones nomás las tengo pa' la familia y con el técnico y este... y con cierta gente, pero yaaa, ya para una tregua pues qué confianza oiga. Ya vio que este muchacho... estuve platicando y han hablado y yo le dije a él mira Felipe, pus... de lo que hables cúmplelo porque yo ya no voy a estar en el medio, le digo, si vuelve haber otra falla, arréglalas tú, porque, yo ya no voy a seguir en el medio, porque pus hombre... (inentendible). El hombre debe tener palabra y si no tiene, pus, allá que le vaya bien, ¡qué más!

—Sí, sí, señor, sí, señor... no pos muchas gracias, señor, y este... (inentendible)

— (Inentendible)

—Sí...

—Y allá le dije yo a este a Ale que me platicó de algo, yo con mucho gusto... le puedo echar la mano, si te mandan un container yo te ayudo... si te mandan algún avioncito allá pues te echo la mano allá en el sur, con mucho gusto...

—Muchas gracias, señor... Sí, sí me comentó y pues le agradezco mucho.

—Yo lo que esté al alcance cuenta con el apoyo... tú, tú estás en tu derecho de desconfiar de todo mundo y este, está bien, porque hombre confiado, decía por allá mi papá, hombre confiado, pos no, no sirve, no sirve.

—Sí, sí, señor... pues ha habido algunos detallitos y pues como quiera se están manejando ahí con lo que son los Azules y los Verdes también y nos traen a raya, pero pos ahí ahí estamos... pos hay que cuidarse ¿vea?

—No, pues el Gobierno tenemos que mirarlo, nomás que cumplan lo que hablan desde la gente... el Gobierno, pos pinche Gobierno, ahí le saca uno la vuelta, pero sí que la gente que... y el Gobierno también... (inentendible)... de todos modos hay que cuidarse.

***

Parece un lugar común, pero es preciso remarcar que un personaje como Joaquín "El Chapo" Guzmán, como cualquier líder criminal, no logra encumbrarse solo. Así como tuvo apoyo de políticos y policías corruptos para encumbrarse, en los últimos años huir de las autoridades, uno de los dos líderes del Cártel de Sinaloa –sabemos que el otro es indiscutiblemente Ismael "El Mayo" Zambada– fue ayudado por políticos, líderes policiacos y miembros del Ejército. Durante su juicio surgió el nombre un personaje conocido en el bajo mundo criminal como "El Topo", definido como un ser casi siniestro, endiosado con la idea del poder. Su nombre fue puesto en la palestra de los tribunales estadounidenses el 10 de diciembre de 2019, en la misma corte donde Guzmán Loera fue hallado culpable y sentenciado. Ese día se presentaron cargos iniciales contra "ElTopo" por conspiración del tráfico de drogas, además de mentir a las autoridades migratorias sobre ocultar su pasado criminal para obtener la Residencia Permanente. En el juicio a Guzmán Loera quedó claro que el narcotraficante era protegido por la Policía Federal mexicana y perseguido por la Marina y otros grupos del Ejército, algunos de los cuales obedecían a enemigos del sinaloense. El Cártel de Sinaloa enfrentaba problemas para integrar en su lista nominal a altos mandos del Ejército, no así de la Policía federal. En la cúpula de sus protectores estaba Genaro García Luna, según reveló en la misma corte Jesús "El Rey" Zambada, quien actualmente coopera con los fiscales del Distrito Este de Nueva York, con sede en Brooklyn, para procesar a quien fuera jefe de la AFI del presidente panista Vicente Fox y Secretario de Seguridad Pública de otro panista, Felipe Calderón, quien afirma que "no sabía" nada de los hechos que acusan a uno de sus hombres —García Luna— de mayor confianza. Durante la edición de este libro, todavía no se sabía la fecha del juicio de García Luna, pero queda claro que debería ser considerado "el nuevo juicio del siglo", tomando en cuenta el nivel al que se relacionaba con la DEA, la CIA, el FBI y enviados diplomáticos estadounidenses. El exjefe policiaco lideró y endureció la lucha contra el narco, pero a la par, avanzaba en su agenda criminal amparado en su figura de alto oficial. En el periodo durante el cual García Luna estuvo al mando de la lucha contra los cárteles, el número de muertos y desaparecidos aumentó drásticamente en México y esa tendencia persiste aún en el actual gobierno en una espiral catastrófica que no parece tener fin.

En su libro *Felipe, el oscuro*,[10] la periodista argentina Olga Wornat menciona más de 130 veces a Guzmán Loera, todas relacionadas con García Luna cuyo caso está marcado como el 19-cr-00576-BMC-1 (USA v. LUNA et al), pero también con dos de sus compinches, con quienes habría formado una especie de cártel en la Policía Federal, Luis Cárdenas Palomino (19-cr-00576-BMC-1) y Ramón Pequeño García (19-cr-00576-BMC-3).

"El jefe de la SSP, capo del cártel que creció como una hidra... adentro del Estado, con la complicidad de Felipe Calderón y de su antecesor Vicente Fox fue autor de los peores actos criminales, acciones que llevó adelante con el paraguas presidencial. Socio y protector de los Beltrán Leyva y del Chapo Guzmán, García Luna y su secta se enriquecieron con millonarios sobornos y con su participación en el negocio de las drogas", narra Wornat en uno de los pasajes, el cual resume el espíritu del máximo mando policiaco en México durante 12 años de gobierno del Partido Acción Nacional.

Durante el juicio a Guzmán Loera, los periodistas que cubrimos el proceso cuestionamos cómo era posible que las autoridades mexicanas o estadounidenses no hayan detenido a altos mandos policiacos o del Ejército, sobre todo después de escuchar las declaraciones de testigos como Jesús "El Rey" Zambada y Alex Cifuentes. Sí, eran acusaciones al aire, pero eran testimonios bajo juramento que tenían una extensión

---

10 La editorial Planeta suspendió la publicación de *Felipe, el oscuro,* que estaba planeado para el sexenio de Felipe Calderón, pero amenazas de muerte a personal de la editorial detuvieron el proyecto, retomado recientemente por Wornat y su equipo de investigación, incluido Édgar Monroy.

en declaraciones selladas, debido a que –como se anunció—formaban parte de otras indagatorias. El 10 de diciembre de 2019, mis colegas periodistas y yo nos montamos en la cresta de la ola que desató la captura de García Luna e intercambiamos impresiones. Hicimos un *fact-checking* sobre su mención en la Corte del Distrito Este en Nueva York —igual que lo haríamos después con el arresto del general Salvador Cienfuegos Zepeda, alias "El Padrino" —, donde enfrentaba cinco nuevas acusaciones relacionadas con el narcotráfico. Fue una locura saber de su arresto, debido al nivel que operó en el gobierno de Felipe Calderón, quien en redes sociales dijo "desconocer" las acciones por las que acusan a uno de los hombres que formó parte de su círculo rojo de confianza.

Uno de los motivos por los que, efectivamente, el caso de Guzmán Loera fue el "juicio del siglo", es por las consecuencias que tendría en otros casos menores y mayores, incluido el de García Luna, que a la postre debería tener la misma descripción, dado su impacto en la lucha contra el narcotráfico y la corrupción en México y Estados Unidos. Este hombre conocido como el "Superpolicía" logró importantes conexiones en la DEA y el FBI aprovechando su posición en el Gobierno mexicano, como una forma de asegurar su futuro y el de su familia.

Las acusaciones en su contra cambiaron oficialmente el 7 de octubre del 2020, en medio de una audiencia telefónica –debido a la pandemia del coronavirus— que fue suspendida temporalmente, ya que decenas de medios de comunicación mexicanos y otras personas se conectaron sin poner el silenciador de su teléfono o computadora, por lo que se escuchaban sonidos de cabinas de radio y televisión y de la calle. El juez Brian Cogan pidió en repetidas ocasiones que se guardara silencio. Ante el caso omiso tuvo que suspender la audiencia, la cual retomó poco más de 30 minutos después, donde leyó los cargos contra García Luna, incluida una acusación por "Liderar una Empresa Criminal en Forma Continua" desde 2001 a la fecha, periodo en el que habría actuado en contubernio con al menos cinco personas que le redituaron "ingresos y recursos sustanciales". La protección que el exfuncionario federal mexicano brindaba a organizaciones criminales requería de una amplia red que él mismo coordinaba, según las acusaciones, operaba como cualquier grupo o cártel.

También se detallaron los montos de droga que ayudó a distribuir a los Estados Unidos, contemplados como violaciones o agravantes de la primera acusación, todas relacionadas a la distribución internacional de cocaína en distintas fechas y montos, como 5000 kilogramos en septiembre de 2008; 23 000 kgs en octubre de 2007; 19 000 kgs en marzo de 2007; 1977 kilogramos en enero de 2003; 1925 kgs en agosto de 2002, y 1923 en mayo de 2002. El juez mencionó la "conspiración para la distribución de cocaína"; "conspiración y posesión de cocaína para su distribución, y "conspiración para importar cocaína". Los fiscales no deben demostrar el tráfico en sí, como ha explicado para este libro el exfiscal Daniel Richman, sino que se coordinó con grupos criminales para ello. El quinto cargo fue por mentir a las autoridades migratorias para obtener su Residencia Permanente, a pesar de haber cometido delitos, un tema que se conoce en la ley migratoria como "el buen carácter moral", que debe demostrarse para obtener una "green card" o la naturalización.

El abogado defensor, César de Castro, confirmó que explicó a García Luna las implicaciones de las nuevas acusaciones en su contra.

"¿Se declara no culpable de todos los cargos?", cuestionó el juez. "Sí, su señoría", respondió De Castro.

A la par que el Gobierno estadounidense podrá confiscar los bienes de García Luna, el caso avanzará para posiblemente derivar en un juicio, ya que hasta la publicación de este libro quedaba una mínima posibilidad de que hubiera un acuerdo entre el exfuncionario mexicano y los fiscales. ¿Qué puede ofrecer? Además de explicar en detalle cómo opera el Cártel de Sinaloa, el "Superpolicía" –amante del espionaje—tendría información sobre el modus operandi y cómo cercar a otros grupos criminales. Que García Luna se declare "no culpable" implica un reto para los fiscales que tendrán que demostrar las acusaciones, pero también le significa al expolicía el riesgo de terminar en prisión de por vida considerando que el caso es una de las nuevas prioridades para el Departamento de Justicia.

A diferencia de "El Chapo", quien se ha convertido en una leyenda en México, García Luna es el epítome de la corrupción que tanto odia un país. Si algo detestan los mexicanos es el abuso del poder que muchos de ellos podrían padecer a diario. A Guzmán Loera no es que lo celebren, pero su historial de pobreza y venderse como un "Robin Hood" de Sinaloa, lo ubica en una posición especial en el imaginario público, a diferencia del exfuncionario de Felipe Calderón, a quien nadie ha defendido públicamente ni conocidos ni excompañeros en el gobierno. Se convirtió en un paria, alguien que debe pagar por sus fechorías.

Es decir, la mayoría de la población quiere castigo (El 75% considera que debería llegarse a fondo, según una encuesta de Social Research Solutions (SRS) y Opinión Pública (OPMI)), por ello una posible sentencia sería una de las mejores noticias que México pudiera recibir y ayudaría a cambiar el paradigma sobre la lucha contra el narcotráfico, reconfirmando el mensaje que los fiscales estadounidenses han repetido contra los criminales: "Vamos por ellos, no hay lugar donde puedan ocultarse". Sobre todo, por el periodo en que operó: de 2001 a 2012, prácticamente el tiempo que gobernó el Partido Acción Nacional y cuando la guerra contra el narcotráfico se planeó e inició, causando cientos de miles de muertes y cuyas consecuencias continúan hasta la fecha.

***

Las grabaciones al sistema de seguridad de Guzmán Loera podrían ser parte de las pruebas contra el ex secretario García Luna, ya que no todos los archivos obtenidos por el FBI fueron hechos públicos, pues varios forman parte de otras investigaciones contra otros personajes. ¿Ayudarían a encontrar o, mejor dicho, revelar, reconfirmar los nexos? En una entrevista con el periodista Édgar Monroy, quien colaboró con la periodista Olga Wornat habló de nueve videos que vio sobre García Luna, negociando con representantes del narcotráfico. Aunque se le insistió, el periodista no quiso revelar los nombres de quienes negociaban por el Cártel de Sinaloa. El nombre del secretario surgió en el juicio a Guzmán Loera en voz de Jesús "El Rey" Zambada, hermano de Ismael

"Mayo" Zambada —actual líder del cártel—, quien afirmó que la organización criminal entregó entre cinco y seis millones de dólares al funcionario mexicano, responsable del plan contra el narcotráfico del presidente Calderón y actualmente detenido en Nueva York.

"A Genaro le ganó la ambición y le ganó el dinero", dice contundente Monroy. "Siendo el jefe de la seguridad pública de este país obviamente se te van a acercar, pero no solamente con el Cártel de Sinaloa".

Monroy estaba en Cancún, Quintana Roo, cuando accedió a la entrevista para este libro. Unas semanas antes había hecho revelaciones explosivas, sobre cómo fue amenazado de muerte por García Luna —asegura el periodista— luego de que diera a conocer la existencia de los videos donde se ve al exsecretario recibiendo instrucciones del Cártel de Sinaloa y obteniendo maletas llenas de fajos de 100 dólares. Édgar estuvo viviendo varios años en Europa y Estados Unidos, escondiéndose de sus enemigos desde el Gobierno mexicano.

—Haciendo una investigación para otro trabajo, para otra periodista de Estados Unidos, voy a otra entrevista y me dicen: 'Qué bueno que vienes porque te tenemos que mostrar algo'. Entonces a mi fuente, termino la entrevista, le explico para qué era y me sacan una computadora y me muestran todos los videos de mis seguimientos (persecución) durante todos los años.

—¿Qué sentiste?
—Pues… feo.
—Estabas en peligro todo el tiempo.

—Sí... Y cuando me ponen unos audios de cómo me iban a matar me quebré. Y cómo iban a matar a Olga, me quebré. Y de porqué pararon el tema... fuerte. Eso fue reciente, te estoy hablando de febrero de este año. En febrero de este año me platican a mí cómo estaba todo el asunto y de pronto una persona me dice: "Les quiero a mostrar algo. Pero esa persona la vas a ver en la Ciudad de México, te va a mostrar otra cosa". Le dije: "Pues muéstramelo tú aquí. ¿Qué es?" Y a mí es al primero que le muestran los videos... Se ve completamente Genaro de frente, sentado con un traje azul marino, con una camisa blanca, sentado en una mesa de un avión, yo creo que es un... no sé, no creo que sea un mini-jet, me da la impresión que es un *GulfStream*[11], un avión mucho más grande... pero se ve perfectamente en esos videos hablando de, lo primero que dice (García Luna): "Ya les dije lo que estoy haciendo, ¿no? Les estoy ayudando, para que ustedes crezcan". "No pero nos dijiste que ibas a aga- rrar a esta gente del Cártel Jalisco Nueva Generación. Te dije que pusieras a tal persona de la Policía en Sinaloa, ¿por qué no la has puesto cabrón?". 'Es que necesito un poco de tiempo, no puedo disponer de esas cosas así y así'. "Bueno, está bien, te vamos a dar el tiempo". Y empieza a hablar (García Luna), ta-ta- ta-ta. Y menciona a Calderón, a Calderón no le dice el Presidente, le dice el Comandante, el Comando, le dice el Comando, y entonces su interlocutor le dice: "Bueno, pues dile al comando que se ponga las pilas que ya deje de salir tanto en la televisión también, ¿no? ¿Tú nos vas ayudar con eso o no nos vas ayu- dar con eso, porque, si no, tú eres nuestra forma de

---

11 Los GulfStream son unos jet con un valor en el mercado de entre 40 y 65 millones de dólares.

hablar con el Presidente o el Comando, como tú le dices". Pero ellos tramposamente, lo hacen para amarrarlo, entonces... me regreso de Sinaloa temblando y otra persona en Ciudad de México nos cita a Olga y a mí y nos muestra los videos".

—¿Cuántos videos viste en Sinaloa?

—Tres.

—¿Y puedes decir quiénes estaban ahí?

—Estaba... mira, en uno de los videos está Genaro y está el interlocutor. El interlocutor no se ve.

Édgar explica que la forma en que la cámara se colocó para grabar a García Luna evita que sus interlocutores se vean. Uno de los videos dura casi 11 minutos.

—Es un video donde Genaro le dice a estos tipos que si le trajeron su dinero. Le sacan una mochila Nike. Le abren la mochila y está repleta de dinero. ¿Qué cantidades eran? No sé, no sé cuánto dinero cabe en esa maleta, pero después le sacan otra más pequeñita, un *carry-on* con lana, yo calculo que más de un millón de dólares. No sé, la verdad no sé. En las pacas de 100 dólares. Lo que dice el abogado de Genaro es que no había billetes de a 100 dólares y yo me empecé a reír, porque dije, claro que había. O sea, el argumento de que no recibió esas cantidades de dinero que la gente dice. No con respecto a eso, sino contra a otros testimonios, de los otros testigos con respecto a que había lana. En ese video están Genaro y el interlocutor y Genaro le dice que si le trajeron sus mancuernillas de Cartier y el interlocutor, de piel blanca, con un Rolex, no sé quién era, podría investigar... no era Iván (Guzmán), no era Alfredo (Guzmán) tampoco, yo creo que era alguno de los interlocutores que tiene el cártel... o sea, no iba a ir

"El Chapo", por supuesto, y el video tiene la fecha, es 2011. Entonces, le abren la cajita de Cartier, la cajita, le muestran las mancuernillas, yo me acuerdo que eran dos panteras con ojos de esmeraldas y todo lo demás diamantes, hermosas las mancuernillas... ¿Cuánto valen? No lo sé, ¿un millón y medio, dos millones de dólares?[12] Entonces, en el video más largo, que dura casi 11 minutos, está Genaro y el interlocutor y en los otros videos está Genaro, hay otro tipo que yo desconozco quién es... el interlocutor y hay otra persona, pero no se ve, pero cuando habla te das cuenta de que hay otra persona con el interlocutor... diciéndole, ordenándole, tronándole los dedos de "cabrón, te estamos diciendo que nos eches la mano con esto y te estás haciendo bien pendejo". Eso es en otro video que dura casi cuatro minutos. Entonces: "Ponte las pilas, ponte las pilas, por favor... y necesitamos que nos ayudes a solucionar ese pedo, pero no se dice cuál es el pedo, solamente te lo dejan ahí". Y hay otro video que dura como seis minutos, de los que yo vi, en donde mencionan a Enrique Peña Nieto, mencionan a Andrés Manuel López Obrador y mencionan a... Josefina Vázquez Mota. Están hablando en ese video de que Genaro va a conectar o vincular a ciertas personas con los candidatos, que hasta Genaro les dicen: "Apuéstenle a Peña Nieto, porque Peña Nieto es el que va a ganar". Y de eso hablan en el video y mencionan a López Obrador y esta gente le dice: "Ya tenemos contacto con el equipo de López Obrador, ahí no hay mucho problema". Es un boom eso.

---

12 Las mancuernillas que Édgar Monroy describe parecen ser las Cartier Haute Joaillerie Collection, una cabeza de pantera en oro blanco, decorada con esmeraldas y 184 diamantes. El costo de esta joya se obtiene bajo pedido.

Édgar señala que de los tres primeros videos que vio el de 11 minutos es el más fuerte, porque hablan del presidente en turno, de las órdenes a García Luna y de un posible asesinato que no queda claro. Menciona a Guzmán Loera, quien parece molesto por la forma en que se opera desde la Policía.

—Hablan de "El Chapo" que no está muy contento con algo… y yo creo que esos videos, en realidad, no creo, en realidad esos videos están editados. Yo chequé los metadatos del video y el video es real, pero creo que lo cortaban y lo pegaron por partes, como que me mostraron las partes que querían que yo viera, como que tocaron temas muchos más delicados o mucho más comprometedores, pero que no querían que yo supiera.

Édgar pidió los videos, pero le pidieron esperar, porque, señala, le dijeron que debía esperar, ya que el cártel estaba negociando con esa información. No quisieron decir con quién.

—¿Qué decía de "El Chapo"? ¿Qué no estaba contento con qué?

—No estaba contento con algo que había hecho Genaro, porque había hecho un desmadre, o sea habían… yo lo que entendí es que habían asesinado a gente que no tenían que haber asesinado.

—¿Sabes que lo que estás describiendo es justamente lo que se describió en una de las llamadas que se presentó en el juicio?

—No, no sabía.

—En una de las llamadas está hablando "El Chapo" con uno de sus socios y le dice: "A ver me contactas con la Policía federal porque están chingándome gente que no deberían" ¿Por qué? Porque están cambiando a la gente de las plazas. Y luego ponen otro audio que es el asignado en ese momento para ponerse a las órdenes de "El Chapo" y él le dice que necesita que dejen de matar y cambiar a la gente, porque esa gente es la de siempre y que se enfoquen a otras personas, que le reportara. Es el periodo en el que "El Chapo" se molesta por eso.

—Yo no sabía, yo no seguí el juicio de "El Chapo".

***

Entre los audios que el fiscal Michael Robotti presentó como evidencia contra Guzmán Loera está la Prueba 601F-2BT, donde el líder del Cártel de Sinaloa habla con un hombre ubicado como "El Yanqui", quien fue enviado por la entonces Agencia Federal de Investigaciones (AFI) en México, cuando Genaro García Luna seguía siendo el mando. En la grabación se escucha a uno de los colaboradores de "El Chapo", ubicado como "Gato", pedirle a su jefe hablar con el nuevo líder de agentes federales, para que no cambie de zona a los oficiales que llevan varios años cooperando con la organización, a la que se refieren como "la empresa", ya que han matado y arrestado a personas que no deberían, pues el Cártel ha seguido pagando sus "cuotas". En una llamada, marcada como la Prueba 601F-2AT, el "Gato" ya había contado al patrón que el nuevo funcionario estaba reasignando a la gente, por lo que era necesario hablar con él. El audio fue obtenido por el FBI con la ayuda de Christina Rodríguez.

"El Yanqui": señor, ¿cómo está? Buenas tardes.

"El Chapo": bien, bien, a mi amigo, buenas tardes. Este, gusto de saludarlo, aquí por este medio y ahí este señor que está ahí es de la empresa se lo encargo mucho. Se lo encargo mucho y, este...pues, lo que esté al alcance a la orden, amigo. Ahí también, este, por ahí que haiga mal viviente y eso podamos ayudarle cuenta con todo el apoyo.

—Pues muchas gracias, la verdad que, este, hemos llevado aquí muy bien, buena relación aquí con—con el amigo que está aquí presente. Y también cuente conmigo, de verdad, en lo que se pueda hacer en— incondicionalmente, ¿verdad? Lo que queremos es estar bien y—y pues trabajar.

—Sí, gracias, este, oiga otro favor—un favor quiero pedirle muy especial, mire, hay—aquí en la empresa hay unos muchachos suyos que se han identificado muy bien pa' acá. Entonces, este, le voy a pedir un favor que... el mu—el señor que está ahí con usted sabe quiénes son. Que esos no me los cambie de ahí porque pues, eh, [sonido] ellos conocen bien los movimientos de la empresa entonces me gustaría que—que mejor ellos mismos sigan pa' que los demás no se enteren.

—Perfecto. Claro que sí, cuente conmigo.

—Ándele amigo pues muy amable, gracias y este, a ver qué día, este, por ahí lo saludo personalmente, que esté bien.

En septiembre de 2012, la AFI dejó de existir, para dar paso a la Policía Federal Ministerial (PFM), la cual se creó tras reformas al Reglamento de la Ley Orgánica de la Procuraduría General de la República (PGR) publicado el 23 de julio de ese año en la Gaceta Oficial, a poco más de dos semanas de que ganara la presidencia Peña Nieto. El poder de García Luna tenía un camino amplio al haber sido nombrado director de la AFI por el presidente Vicente Fox Quesada.

***

En mayo de 2018 entrevisté vía telefónica a Mía y Olivia Flores, respectivas esposas de los gemelos Pedro Flores y Margarito "Junior" Flores, dos cooperantes clave en el proceso judicial contra Guzmán Loera. El motivo de esa conversación fue la edición de su libro *Cartel Wives,* estratégicamente publicado a pocos meses de que iniciara el juicio contra el exjefe de sus esposos, a quien traicionaron grabando conversaciones que sirvieron a autoridades estadounidenses. La entrevista la hice desde la oficina de *El Diario* en Brooklyn. Una agente me proporcionó un número telefónico. Yo no sabía ni supe dónde se encontraban Olivia y Mía, quienes están bajo el programa de testigos protegidos, debido al acuerdo de sus esposos con el Departamento de Justicia. Se escuchaban felices por el proyecto editorial que les daría ganancias. La portada del libro no podía ser mejor: la siluetas de ambas portando entallados vestidos y zapatillas a aguja, con algunas joyas de oro y abundante cabellera, teniendo como fondo en rojo el rostro malicioso de Guzmán Loera, con los ojos inyectados de coraje.

Aceptaron hablar a pesar de la incomodidad de algunas preguntas, como el hecho de ser consideradas traidoras, igual que sus esposos. De saber que, a pesar del intento de reinvindicarse, podrían ser calificadas como "criminales"; que su pasado causó daño. "Queríamos ser transparentes, contar este viaje", atajó Oliva, no fue fácil, porque el pasado no se borra, reconocieron ambas. "Nuestra historia es única, pero las experiencias que pasamos, cada momento feliz que contamos, se dio en medio de la tragedia, sabíamos que nunca podríamos ganar", reconoció Mía.

Las parejas se conocieron en La Villita o Little Village, en Chicago, Illinois, estado clave para el Cártel de Sinaloa, donde los gemelos Flores ayudaron a distribuir cocaína para la zona Este de EE.UU., principalmente hacia Nueva York y Filadelfia, dos de los mercados más importantes para la venta de cocaína, heroína, metanfetamina, marihuana y ahora fentanilo.

"¡Pedro y Junior son tus vecinos ahora!", cuenta Mía en el capítulo "Peter" sobre cómo su amiga Ana le compartió la mudanza. Los gemelos habían vivido en la Calle 26, donde impera la ley de las pandillas, pero su familia se fue a la Calle 72, cerca de Mía. "Finalmente iba a conocer a los legendarios gemelos Flores", escribió en inglés. Ahí comenzó su historia de amor, pero no solamente compartieron vida en pareja, sino también los avatares de la vida criminal. Ellas disfrutaron parte del lujo y comodidades, pero tener hijos dentro de una organización criminal es prácticamente una sentencia, no importa que esos descendientes no se dediquen a lo mismo que sus padres. Serán juzgados, quizá injustamente, por las acciones de sus progenitores. Ellas quisieron intentarlo y convencieron a sus esposos de testificar contra "El Chapo", de traicionarlo "Fue muy duro escribir el libro, pero debíamos también ser muy precavidas, porque nuestros esposos testificarán contra "El Chapo". "Fue una fuerte decisión", cuenta Olivia y reconoce: "Fue complicado... no somos las mismas mujeres que éramos hace 15 años... tuvimos que volver a esa realidad que estuvimos viviendo y fue difícil para nosotras entender por qué estaba bien hacer lo que hacíamos". Olivia y Mía dividieron su vida en cinco partes y 31 capítulos. En el libro hablan de 33 personas reales con las que interactuaron como esposas de narcotraficantes, incluidos los hermanos Beltrán Leyva y Nemesio Oseguera Cervantes, "El Mencho", ahora líder del grupo criminal de mayor crecimiento en México, el Cártel Jalisco Nueva Generación (CJNG). Las "esposas del cártel" reconocen que algunas historias "no tienen héroes" y exponen que su objetivo es explicar cómo las personas podrían ser arrastradas, a veces sin darse cuenta, al mundo del crimen y terminar "arruinadas" para siempre. En cada palabra escrita, cuentan, sus hijos estuvieron como un ancla de la cual asirse. "Ellos sabrán que, al final del día, sus padres tomaron malas decisiones, pero intentaron hacer lo correcto", justifica Olivia. "Ellos trataron de hacer lo correcto... de ayudar atrapar a 'El Chapo'", agrega en referencia a la decisión de los gemelos de obtener pruebas contra su entonces jefe y testificar. "Muchas mujeres están pasando por esto. Lo que hicimos para vivir, nunca se lo deseamos a nadie", acota Mía, quien espera que, además de ser juzgadas por sus acciones, el volumen editado por Grand Central llegue a manos de quien necesite "una luz" para evitar caer en esa atractiva tentación.

La cooperación de los hermanos Flores no era gratuita, por supuesto. Tenían un acuerdo llamado 5K con los fiscales federales, basado en la "Regla 35. Corrección o reducción de una oración" de las *Reglas Federales de Procedimiento Penal*. El único que rindió testimonio fue Pedro, pero el acuerdo era para ambos, luego de que fueron sentenciados a 15 años de prisión en Illinois por el juez Rubén Castillo. Algunos periodistas consideraron que el testimonio de los Flores era "menor", pero los fiscales creían lo contrario, ya que proporcionarían pruebas circunstanciales, evidencias directas y el testimonio que entrelazaba a las tres, como explicó el abogado Richman. En el juicio a Guzmán Loera se hicieron públicas las transcripciones de las grabaciones hechas entre el 12 y 15 de noviembre de 2008 por los Flores con una "grabadora rudimentaria".

Joaquín: ¿Bueno?
Pedro Flores: ¿Bueno?
—¡Amigo!
—¿Qué dice? ¿Cómo está?
—Bien, bien, gusto saludarte. ¿Cómo está tu carnal?
—Todo bien, oiga, aquí—lástima que no me tocó verlo el otro día.
—Ahh—
—Era mi hermano.
—Pero ahí estamos al or—ahí estamos a la orden, ya sabe.
—Sí, oiga, todo bien, gusto saludarlo. Oiga…acá no más lo estamos molestando para lo del otro día que recogí allá… Y le iba a decir, ahí tengo el cheque listo, no sé si…le quería pedir un favor.
—Dime.
—¿Usted cree que—que pues nos podemos arreglar c—me puede rebajar unos cinco pesos de esos?
—¿A cómo tratamos?
—Me lo está dando a 55.
—¿A ver, a cómo lo vas a pagar?
—Ah, yo le decía, oiga, si me hace el favor se los pago a 50 pero…ahí tengo el cheque listo.

—¿Ya tienes el dinero?

—Digo, si—si me los puede dejar en, verdad, en la diferencia de cinco y se los pago luego—luego y…y si quiere mandarme más, pues…unos—

—Bueno, no, eh—este, ¿cuánto…cuánto es lo que te entregaron?

—Me entregaron 20.

—¿Cuánto?

—20.

—Ah bueno entonces, este, mañana recojo el dinero. Está bien.

—¿Sí? Ok—

—Está bien a ese precio.

—Ok, eh—eh, yo le agradezco mucho—es que también es que, allá el…el otro señor que vino y me había dado algo que no salió bueno y los tengo que ahí emparejar.

—Oye…este, ¿tú no tienes manera de traer ese dinero hasta aquí?

—¿Hasta aquí? Sí, cómo no.

—Eh… ¿Me lo das aquí entonces?

—Sí, sí oiga. Si me da unos, este, deme unos…u— unos diitas y—y—y, y aquí se lo tengo. Es más yo tenía un cheque que ya venía y en cuanto me llegue si quiere le—le a—adelanto algo de—cuando me llegue, unos—tenía como unos 400—

—Mira—mira…espérame. Deja ahorita voy a hablar con una persona. Deja si hay quien recoja ese dinero allá…

—Sí.

—Ahorita te hablo pa' atrás. Espérame.

—Ok.

—Espérame.

—Ok.

La llamada anterior está registrada como la prueba 609A-6T. Fue hecha el 15 de noviembre de 2008 a las 8:34 p.m. Como se ha leído, hay negociaciones sobre el pago por droga enviada a los hermanos Flores, pero era evidente que Pedro tenía otra consigna: pedir más mercancía a su socio-jefe mexicano y grabar que él aceptaba enviarla. A Guzmán Loera le pareció extraña la petición, pero aceptó, como se leerá en la Prueba 609A-7T, grabada ese mismo día a las 9:30 p.m. Fue la llamada 14. Esta vez "El Chapo" integró a Alexander Cifuentes Villa o Alex Cifuentes –su socio colombiano– en la llamada. Él se pondría de acuerdo con Pedro para que una persona de su confianza recogiera el dinero de la cocaína vendida.

Pedro: Ok, allá es con…, ¿verdad? ¿O aquí?

Joaquín: No, el de al lado allá lo van a recoger allá—

—Ok—

—Aquí te lo paso.

—Ok.

—Para que se pongan de acuerdo tú y él y se den los números de allá para que le entreguen a ese número el dinero. Tú le dices… y todo.

—Oh, con que él me marque a este número llegando y—y yo mando los muchachos, que lo miren.

—No, es que la persona está en Chicago ya.

—Oh, ok, ok.

—Entonces, ¿cómo le hacemos? Este, el—el muchacho de Chicago que te hable a ti pero tú te levantas en la tarde.

—No, no, ya—

—Y los bancos abren en el día, fíjate.

—No yo lo mando—lo mando, me levanto temprano, no se apure. Yo me encargo de que—que los reciba temprano.

—Por eso, pero tu tele—él te va a marcar a ti, ¿y luego?

—No, ok, [tartamudea] yo digo me encargo yo de que—que yo le contesto la llamada temprano, usted dígame a qué hora—

—¿Por qué no le das el número de Laz..? (Guzmán Loera habla con alguien al otro lado de la línea y Pedro cree que es con él).

—¿Mande?

—Mira, aquí te van a pasar mejor el número—

—Sí.

—Del muchacho que está en Chicago. Aquí te lo van a pasar.

—Ok.

—Me dio gusto saludarte y salúdame a tu hermano.

—Ok, también—aquí le manda saludos mi hermano—

—Aquí te lo paso.

—Ok, gracias.

Alexander: Amigo, buenas noches.

Pedro: Buenas noches, ¿qué dice? ¿Cómo está?

—Bien, ¿cómo le va?

—Bien, bien. ¿A ver, oiga, pa—me pasa el número?

—Sí, apúntelo.

—Ajá [pausa]. Que—

—¿Ya?

—¿Qué? Si, listo.

—6-31

—¿1-3-3-6?

—6-3-1, sí señor.

—Ok.

—4-5-5

—Ok.

—88-28

—Oiga—esa LADA no—no es de—de Chicago, ¿no? Fíjese en el número bien porque allá hay una LADA 6-3-0.

—Sí pero esa persona ya—allá le a—ahí tiene su sucursal.

—Ok.

—No te preocupes.

—¿Por quién pregunto?

—Lázaro.

—¿Lázaro?

—Así es.

—De parte…

—De parte—de parte de Benjamín.

—Benjamín. Ok, ¿oiga y se—se encuentra el señor ocupado?

—Sí—ahora le—le quiero hacer una pregunta.

—Sí.

—Usted tiene el numerito a dónde le van a entregar allá en—en Colombia?

—¿Mande? [bip—bip] No lo oí.

—¿Pues—pues, pues eso lo van a—van a entregar allá o usted va a recibir también allá en Colombia?

—No, yo solo voy a depositar el cheque—eh, el de Chicago.

—Ah, bueno, ok. Llame a esa persona, Lázaro. Así se llama.

—Ok, oiga, este—

—Llámelo ponerse de acuerdo con él, él está ahí en este momento, si quiere llámelo ahorita, rectifiquen, recti—

—Si, si le entiendo, le marco, ahorita le marco, pregunto por él, me pongo de acuerdo pa' mañana y, este, me encargo de depositar el cheque.

—Perfecto.

—Ok, ¿oiga se—se encuentra ocupado el señor?

—Permítame un segundito.

—[aclara la garganta]

—Quiere volver a hablar contigo. (Alex Cifuentes le dice a Guzmán Loera que Pedro quiere volver a hablar con él).

Joaquín: ¡Amigo!

Pedro: Ok, oye—discúlpame. Yo le iba a preguntar, este, no más me quedan tres, ¿cómo cuándo cree que lo podamos recibir otra vez?

—Ah cabrón oye, [tartamudea] ¿no—no—no que tú nada más podías sacar poco?

—Es que de veras, eh, estos me salieron bien chingones, pa' que le miento.

—¿Por cuánto alcanzas a sacar tú en un mes?

—Si, si me quiere—pues ahorita si están haciendo unos-unos 40.

—Ah, que bueno. Oye, ¿no te ha mandado otra gente? Porque me dijo este muchacho que te iban a mandar.

—Sí pero lo que—lo que ellos mandaron oye de veras no-no estaba bueno, no es nada comparado como lo que usted tenía.

—Ah bueno yo te lo mando entonces, este…

—Si, ¿pero no-no-no cree que tenga otros—otros siete ahí que me puedan dar?

—Eh, yo te mando de esta semana a la otra.

—Ok, bien. Ahí le encargo, muchas-muchas gracias, ¿eh?

—Que esté bien.

—Y cualquier cosa—

—Hasta luego.

—Ok. Hasta luego.

En su libro, las esposas de los gemelos Flores cuentan cómo disfrutaron del dinero obtenido por la venta de droga en EE.UU. Un pasaje en particular en Puerto Vallarta describe su sensación de sentirse "en la cima". Eso fue poco antes de 2005, cuando Pedro fue secuestrado y Margarito tuvo que negociar con Guzmán Loera su liberación. El líder del Cártel de Sinaloa creía que los hermanos le estaban robando dinero, depositando menos de lo obtenido por la mercancía. Margarito viajó a las montañas en Sinaloa, donde se escondía "El Chapo", protegido por decenas de sicarios. Olivia afirma que "El Señor" le dijo que podía matarlo en ese momento y ordenar la muerte de su hermano. "Sí, señor, lo sé", respondió. Había diez millones de dólares de deuda pendiente, pero también pagos que Guzmán Loera no tenía claros. Margarito lo demostraría, según Olivia, con los libros donde Pedro anotaba todo. Era su palabra contra la de Guzmán Loera, quien comparó las anotaciones de ambos. "Bien, bien", habría dicho el líder de "La Empresa", reconociendo que todo parecía estar en orden y que los hermanos Flores eran leales a la organización. Pedro fue liberado, pero ese pasaje había puesto en alerta a las dos parejas, una vida que Olivia y Mía no querían para sus hijos, aunque en 2006, un año después del secuestro, las carreras de los gemelos en el crimen organizado los tenía en la cima por la cocaína que "El Chapo" y "El Mayo" Zambada les enviaban cientos de kilos cada cinco días. En 2008, la carrera criminal del par iría en picada, pero ellos no lo sabían. ¿Cómo iban a imaginarlo si tenían negocios con organizaciones en China y sus negocios en Illinois se estimaban en cincuenta millones de dólares semanales? Las arcas estaban llenas. Sus vidas en Puerto Vallarta eran de ensueño, llenas de lujos, según describen Olivia y Mía. En Mayo de 2008, agentes de la DEA se reunieron con los hermanos Flores en Monterrey, México. Ahí establecerían lo que estos gemelos podrían ofrecer para "salvarse". Habían entrado en un callejón, donde había una puerta de salida. Las grabaciones y testimonios contra Guzmán Loera fueron su boleto.

"En la primavera de 2008, Pedro Flores y Margarito Flores, mientras vivían en México y participaban activamente en el tráfico de drogas con Guzmán-Loera y Zambada-García, voluntariamente contactaron a agentes de la ley en los Estados Unidos. A través de una serie de conversaciones telefónicas y más tarde reuniones en persona en México con un Asistente del Fiscal de los Estados Unidos del Distrito Norte de Illinois y agentes de la ley, Pedro Flores y Margarito Flores acordaron convertirse en cooperantes del gobierno. Mientras vivían desprotegidos en México, ellos reunieron información y evidencia que sería crucial para asegurar una acusación en este distrito contra Guzmán-Loera y Zambada-García. Sus esfuerzos de cooperación resultaron directamente en el enjuiciamiento de aproximadamente 90 personas", narra el documento que solicita al juez Rubén Castillo beneficiar con reducción de condenas a los gemelos Flores, tras la cooperación con autoridades.

"Pedro Flores y Margarito Flores salieron de México en diciembre de 2008 y acordaron regresar a los Estados Unidos acompañados por agentes de la ley estadounidense, sin acuerdo en cuanto a la sentencia, sabiendo que la vida en prisión era una posibilidad", se agrega. En agosto de 2012, después de años de entrevistas con varios agentes federales y múltiples apariciones testimoniales ante un gran jurado, Pedro Flores y Margarito Flores se declararon culpables. El Gobierno de EE.UU. había considerado que los cooperantes cumplieron con su palabra y ayudaron a la persecución, detención y condena de varios traficantes. El mayor objetivo era Guzmán Loera. Los hermanos colaboraron para afianzar las acusaciones contra "El Chapo", con su persecución, enjuiciamiento y sentencia, indican documentos judiciales. Era momento de pagarles.

"Los acusados ahora solicitan una orden del tribunal que indique al fiscal de los Estados Unidos para que el Distrito Norte de Illinois presente una moción bajo la Regla 35 (b) de las Reglas Federales de Procedimiento Penal, solicitando una reducción en la sentencia de 168 meses impuesta por este Tribunal 27 de enero de 2015", se agrega en el documento citado.

El 20 de marzo de 2019, un mes después de que se halló culpable a Guzmán Loera, el ayudante del fiscal Adam Fels notificó a su homólogo en Illinois que Pedro Flores había cooperado como prometió, según lo registrado en el documento 662 enviado al juez Brian Cogan. Para ese entonces, los abogados de los Flores ya habían tenido la negativa del juez Rubén Castillo.

"El gobierno presenta respetuosamente esta carta y notifica al Tribunal y en defensa de la reciente presentación de documentos relacionados con el testigo del gobierno Pedro Flores", indica el documento firmado por el Richard Donoghue, fiscal general del Distrito Este de Nueva York; Arthur Wyatt, jefe de la Narcóticos de la División Criminal del Departamento de Justicia, y Ariana Fajardo Orshan, fiscal del Distrito Sur de Florida.

El documento aclara que la cooperación de los Flores "no proporcionaría base para alivio" en su propio caso, pero se emitiría un reporte a los fiscales de Illinois para considerar la reducción de los 14 años que enfrentaban, tiempo que lograron como parte de su cuerdo con autoridades federales por las pruebas y testimonios en decenas de casos. Sus abogados habían pedido entre 10 y 16 años, pero querían reducir aún más la sentencia.

"Flores fue testificando porque esperaba recibir algún tipo de reducción adicional de los dos restantes años de su sentencia de prisión", indica el documento. Es decir, quería salir libre de inmediato. "Los fiscales de NDIL (Chicago), considerando... que Flores ya recibió una reducción significativa en la contemplación de posibles testimonios futuros, incluso contra Guzmán-Loera, se negó a presentar una moción para una reducción adicional", añade el documento citado.

El 31 de julio de 2019, la defensa de los Flores buscó presionar a los fiscales de Nueva York a través del juez Castillo, pero los fiscales neoyorquinos aseguraron que "no prometieron ninguna moción para una reducción" de la sentencia, agregando que serían sus homólogos del Distrito Norte de Illinois quienes tomarían esa decisión. El 27 de agosto de 2019, el juez Castillo negó la moción sobre la reducción de sentencia de los Flores, argumentando que su acuerdo 5K previo incluía cualquier cooperación futura con las autoridades federales.

"El tribunal negó la moción, señalando que la reducción de la sentencia que proporcionó en enero de 2015 (y) contempló el testimonio futuro", indica el documento.

Las dos parejas, Mía y Pedro y Olivia y Margarito, deberán esperar antes de estar completamente libres, pero, como lo señalan en el libro, son conscientes de que los miembros del Cártel de Sinaloa podrían buscar venganza.

"Nuestros esposos son los que dejaron al Chapo fuera, y su gente quiere venganza por ello. Los cárteles mexicanos tienen a los individuos más violentos y despiadados en el mundo", reconoce Mía al final de ese libro, como reconociendo que salieron del crimen organizado, pero es posible que algún día realmente tengan que pagar por su traición.

***

La información obtenida por el FBI y la DEA hubiera sido imposible sin la ayuda de Christian Rodríguez, por eso accedieron a todo lo que pidió. Quizá si hubiera solicitado más beneficios hubiera podido obtenerlos. De todas las pruebas que se presentaron, las grabaciones telefónicas y los mensajes obtenidos a través del sistema de comunicación fueron las más valiosas y esenciales para demostrar la forma de operar de Guzmán Loera al frente del Cártel de Sinaloa.

También evidenció la forma en que se relacionaba con sus amantes, una de ellas Lucero Guadalupe Sánchez López, también conocida como "Chapodiputada", por haber logrado una curul en el Congreso de Sinaloa bajo la sombra del Partido Acción Nacional (PAN) y haber mantenido su relación amorosa con Guzmán Loera al mismo tiempo. En los archivos judiciales de su caso en una corte federal en Washington, D.C., a la "Chapodiputada" también se le ubica como "Diputada", "Maico", "Piedra" y "Tere", pero Guzmán Loera también la llamaba "Reyna May".[13]

En el sistema de comunicación, la "Chapodiputada" tenía la extensión 102, marcada con el nombre de "Charly/Lucero", según la Prueba 511-9. Asimismo, la Prueba 516 es un documento de 12 páginas que muestra algunas de las comunicaciones entre Guzmán Loera y Sánchez López, transcripciones que también se revelan en la Prueba 602F-5BT.2. Son conversaciones en mensaje entre enero 17 y febrero 23 del 2012.

Joaquín: Esta vien te mando 20 para la gasolina y quien ira amor
Lucero: Pss yo digo k yo o usted manda amor
—Vien corazon y rruvensito
—Aki esta
—Kiere k baya yo o no? Amor
—Q ase nuestro hijo
—Aki esta en la casa
—Si ve corazon

---

13 La Prueba 825 muestra a Lucero Guadalupe Sánchez López embarazada, llegando a visitar a Guzmán Loera en prisión, cuando ella era diputada del PAN.

—En q iras amor
—Ok amor
—En el mismo carro k me presto
—Esta bien amor ponte de acuerdo con cachimvas
(sic)

La transcripción formó parte del testimonio de Sánchez López, quien confirmó que los mensajes hacían referencia a la compra de marihuana que ella hacía en la sierra de Sinaloa.

Lucero: Ba kerer k compre mas o ya no ? Para saber
Joaquin: Sii amor
—Seria mañana cuando iriia cachinba vdd? / Salieron exactos los 400 kilos / Me acan de hablar k lo demas pss era puro polbo
— Si amor traite esto para q no este aya y ya despues pregunta si ay vuena y ya me dises cuando rregreses amor / Y quien te acompaña
—Sii ai buena yo ya la bi / Mi ermana / Estan piscando alguina pero toda la gente para aya casi tiene
—Preguntas cuanta amor y ya me dises
—Todos kerian vender pero pss io no yevava dinero para mucha / Ok amor
(sic)

Sánchez López fue cuestionada por el ayudante del fiscal Anthony Nardozzi, quien lleva su caso en Washington D.C. La mujer, quien tiene 29 años –igual que Emma Coronel– comenzó a tener una relación amorosa con Guzmán Loera en 2011, luego de que él le enviara un BlackBerry con uno de sus ayudantes. Ella se enamoró y tiempo después aceptó ayudarle a comprar marihuana para el Cártel de Sinaloa, a fin de evitar que sus familiares fueran obligados a trabajar en ello.

"Empezó de forma romántica", dijo. Entre los encuentros amorosos, Guzmán Loera le preguntó "si sabía algo de marihuana". Ella tenía una noción, afirmó, porque nació en una zona donde había productores de esa droga y conocía a mucha gente. Entonces "El Chapo" la envió al Triángulo Dorado, la región entre los estados de Chihuahua, Durango y Sinaloa donde están los principales plantíos.

—En ese momento él no tenía a nadie que le consiguiera. –Afirmó la "Chapodiputada".

—¿Usted aceptó? —Quiso confirmar el fiscal Nardozzi.

—Sí. –Respondió ella.

La exdiputada contó que sus instrucciones eran llenar aviones con capacidad de 400 kilogramos de marihuana, que debían ser transportadas en paquetes de 10 kilogramos. El primer vuelo fue de 350 kilos, debido a la poca capacidad de la nave. Guzmán Loera quería la droga con las "tres B", expresó, es decir, "buena, bonita, barata", y ella la conseguía, aunque en algún momento sentía que él abusaba, por lo que comenzó a enviarle mercancía de mala calidad, para que él mandara a alguien más, pero la estrategia no le funcionó. Guzmán Loera seguía ordenando cargamentos. "A veces me confundía con mis sentimientos… a veces lo quería… a veces no… por sus actitudes que tenía", reveló ella. Durante los cuestionamientos, Guzmán Loera la veía desde la silla del acusado, sin la presencia de traductor, ya que el testimonio ocurrió en español.

Nardozzi quiso demostrar cómo era la comunicación entre ellos, por lo que mostró mensajes que intercambiaron, donde las palabras "amor", "corazón" y "te amo" se mezclaban con los negocios, las indicaciones de comprar marihuana y conseguir el mejor precio posible. Sánchez López dijo que llegó a tener miedo por las reacciones que tenía "El Chapo", pero su relación no podía concluir. En 2012 se había separado pero, "parece que nunca terminaba" reconoció, debido a que él siempre la buscaba y ella volvía, una y otra vez, incluso cuando fue diputada.

Lucero: Kiero comentarle k no cavieron los paketes en el avion aya kedaron 50 kilos empaketados / Sii tmb fue amor el se kedo en tapichahua y yo travaje desde anoche k yegue sin descansar

—Y cuantos eran amor

—400 kilos, only 350 fit.

—Quedo muy vien enpaquetada amor de cuanto son los paquetes

—De 10 kilos amor / Todos / Yevan la marca de un 4 en un corazon

—Amor asta ai va un corazón / Q emosion

—Sii amor esa es ba un corazon y el cuatro / El corazon es k lo amo y el cuatro en k vendigo el dia k ustes yego a este mundo / :* (beso) / El dia de su cumple <3

—A si es sierto la semana quentra para q compres tresientos y ya completas otro viaje amor

—Fui aver cuantos kilos aii y si ai para otro buelo antenoche el ese ruben fue a comprar unos kilos me dijeron / Pero andube ahora antes de venierme y

siempre ai nomaa k no la kieren soltar menos de 500
o 550 / Y pss yo siempre les sake ese buelo a 500 / El
dueño de la pista lo manda saludar k podemos usar
la pista cuando c le ofresca ya k nadie levanta ai

—Y si le gusto a cachinvas

—Sii me pregunto k cuantos metros tenia xk se le
iso muy larga yo creo jajaj / Tiene 500 metros / Esta en
muy buen estado / No ai posos

—Amor la compras a como puedas tu ex a como
la compro

—y lo mejor k esta lwejosa de la mesa / Sii amor
pss la otra la compre a 500 no mas y km 26 kilos a 400

—Arriba no entiendo lo primero amor / Algo de
la mesa

—Muchos me desian k el guero la compra a 550
pero io les dije k se la vewndieran al guero mejor y
todos caían / Le desia k la pista esta en un buen lugar
lejos de la mesa xk en la mesa ai guachos

—Y a como compro tu ex

— 500 según / Desian k tenia dias k no comprava
y k adever ido aserme competencia desia la gente

—Y cuanto compro

—500 kilos.

—Y donde compro

—En donde io compre en mezcaltitan y la culacha / Pa tapichagua no se arrimo

—Y quien compro mejor calidad

—Fue de noche y dicen k la bajo para abajo k no
saven donde enpaketo / Pss ami me dijeron k la mejor
me la avia yevado yo / K el compro mucha con semilla / Yo no agarre con semilla mas k los kilos k me
salieron en un costal / Y k andan diciendo k yo fui x
aire y k yevava pistoleros x tierra jajajajja

(sic)

El periodista Édgar Monroy me preguntó qué opinión tenía sobre Guzmán Loera. Platicábamos de sus amantes y de cómo se relacionaba con sus hijos y esposa. Mi respuesta fue que en el juicio no limitaba sus expresiones cariñosas hacia su esposa Emma Coronel, además de que tenía una relación amable, muy cordial, con su equipo de abogados. En una ocasión incluso sorprendió a William Púrpura con un abrazo tan efusivo que éste se sorprendió y se sonrojó. Los testimonios de varios testigos mostraban a un criminal que era capaz de mandar asesinar personas, cobrar venganza, comprar droga como si fueran dulces, disfrutar del dinero, pero había varios pasajes que mostraban su lado más amable: un padre amoroso, un amante cariñoso, un hombre cordial, un hombre cálido. Por ello no parecía extraño que asumiera como suyo al primer hijo de Sánchez Cordero.

Hijo Lucero: Soi tu ijo
Joaquin: Ola rey te felisito porque eres muy ombre / Amor checa cuanto ay para q la compres toda pero ay q rajar los costales y checar vien amor para ya no comprar con semiya
Hijo de Lucero: gracias papi te kirrto mucho
—Q lindo mi rey
Lucero: Si amor xlo k investigue aii unos 400 mas y un amigo dijo k ai komo dos toneladas de pura bola mas parriba y sin semilla / Pal lado de Tamazula / pero aii sercas 400 si los aii si no ban y la compran antes k yo / Su ijo le escrivio eso amor estava aki terco k keria escribirle / Pss keria ver si podia comprar de una ves lo k boy a ocupar para empaketar la demas k boi a comprar para yevarme todo de una ves / Y no

andar vatallando asi le ise esta ves me yebe todo x eso terminamos luego / K opina usted? / Amor

—Si amor cuanto dinero te mando / Aver si me completas una tonelada te voy a dar 100 mil pesos para q vallas aorrando

—Yo c le acompleto asta 2 nomas tendria k buscarla asta donde pueda ir pero boy y la busco en galancita me dijeron k aii dos de pura bola / No mas k no c si me podre meter palla o no ? Usted digame

—Si amor ve

—Cachinba dijo k para k cupieran los 400 kilos exactos k isieramos unos 24 paketes de 5 kilos usted k dice

—Aslos amor

—Ok amor entonces comprare 400 kg mas o 350 para este buelo amor / Serian 350 verdad para acompletar los 4 kn los 50 k kedan aya?

—Si amor

—Ok amor

(sic)

Los mensajes obtenidos por las autoridades estadounidenses y confirmados por Sánchez López permitieron hacer un nexo irrefutable entre la información obtenida en el operativo en Los Cabos, los datos del sistema de comunicación, así como la compra de droga, además de la relación entre "El Chapo" y esa joven que parecía ilusionada con el líder del cártel. Él aprovechaba esa lealtad para conseguir la marihuana de mejor calidad. No importaba si ella y su hijo Rubén, quien luego la acompañaba, corrían peligro en medio de otros compradores, sicarios y elementos policiacos. Había un código de respeto a ella, porque parecía muy segura de sí misma, salvo una noche que confesó a Guzmán Loera que se durmió al volante, en compañía de su hijo, y casi choca el vehículo donde iban. "Cuidado", fue lo único que escribió "El Chapo" en respuesta. A veces él tardaba en responder 20 minutos o más tiempo, pero ella necesitaba respuesta sobre la compra de droga.

—Ola corazon
—Bn amor aki subi a ablarle amor
—Q vien corazon q me cuentas
—Pss no emos acompletado aun abido guachos y competencia
—Amor si ay guachos vente y despues vuelves
—Pero no me boy asta k no acomplete / No amor nomas andan ai los mismos / Si me boy me ganan la k ba saliendo bengo de unos ranchos ahorita aparte una k estan piscando tengo k acompletar el buelo amor
—Esta vien corazon y ya estan empaquetando
—Tengo k acompletar si no es aki sercas pero le biscare no me kiero ir amor sin acompletar digo si usted me da permiso / No amor aun no pss el dia k me fui dicen k subio ruben y limpio todo y ahorita andan unos compradores del guero aki tambien andamos 3 kmg
—3 q
—Y esta saliendo una ai estan piscando 180 kg / Compradores / Amor
—Ay q ir a otro lado mejor amor cuanto as comprado
—Pss tengo apartada esa k estan piscando amor / Para mañana sale
—cuanta es

—Si les da la gana ala gentes pss la venden / Pss 180 kg / Y en tapichagua 80 kg mas

—y la de cayo

—Los 80 son de callo

—Y donde mas

—Ai mas pero tiene granite / Y en las amargosas y la culacha / Estan esos kilos k le digo amor

—No con grano no / Amor

—Ok amor x eso le comento xk ai poca buena la mas buena yo me la yeve el otro día / Pero le boy a buscar amor yo c k buscandole si ayamos

—Ay q ir a galansita a otro lado

—Me dijeron tmb k ai otras dos toneladas pero no para estos rumbos pal lado de su rancho mas palla / Si para mañana no acompleto el buelo amor me boy para galancita a comprar

—Esta vien corazon te amo cuando puedas suve a mandar mensaje amor

—Pss aki estoy sentada arriba del carro juan y mi wrmana y callo / Pasamos para abajo y ya bamos pal rancho / Estoy en la división / Mañana a estas oras subire si dios kiere a ablarle o mas tarde amor tenga su cel prendido xfavor para la ora k pueda subir a platicarle k paso amor

—Saludos amor a ellos / Te amo / Te felisito porque eres lo maximo

—Usted tambien amor kiero k este orgullosa de mi y kiero k sepa aki de donde estoy frente ala virgen k de verdad lo amo y k lo extaño mucho k si existe la manera de k usted y yo estemos juntos para siempre yo sere la mujer mas dichosa del mundo xk. Asta ahorita lo e sido gracias a usted lo amooooooo<3

(sic)

La información que proporcionaba Sánchez López en la corte se confirmaba con los mensajes y tonelada tras tonelada de marihuana. Guzmán Loera confiaba totalmente en el criterio de ella, en las negociaciones que hacía, pero la orientaba sobre el costo máximo. Ella le aseguraba droga de la mejor calidad.

—Bine aki alas trancas el guero me dio chansa de comprar aki pero la gente no kiere en en menos de 750 y ai otros 150 k pero piden 600

—Esta vien amor complete

—Saludame al wero / Compralos a los 600

—ok amor boi air aver k me dicen estoy aki en la pista de las trancas

—Q no tenga semilla

—Ok amor aki ai 150 y en en los sedritos ai otros 150 aya los dan en 600

—;;) :* :*. Un veso para cada uno

—Boy air x ellos entonces / ok amor yo tambien le mando vesos amor

—Completa el viaje amor / Para ti y ruvensito para ti dos

—Ok amor no me ba alcansar para pagar enpacadores si compro a 600

—O para rubensito 2 ay anda / Si amor

—No amor rubencito se kedo aya con mi ermana iban air para cosala a checarse mi ermana xk andava mala / Ayer ya casi me ruedo me kede dormida manejando

—Cuidado

—Para k lo traigo aki amor aki ai guachos y en un acidente mejor aya el kon mi ermana

—Si amor

—Para avisarle k compre mas pero acomplete solo 310 kilos xk agarre una parte nomas xk una tenia semilla / Ay mucha pero la gente esta despatando apenas / K ago amor sigo acompletando o k se vallan esos kilos ? / :* (beso) / Amor / Amor esta ocupado? / Si no luego bengo ablarle xk tengo frio y estoy aki en el cerro

—Corazon me agarrastes poniendome fomentos

—Aperdon amor / -:* (beso)

—Cuentame como te fue amor

—Pss no muy bien tengo 310 kilos amor / No la agarre toda xk una parte tenia semilla / Y kiero ver si kiere k siga acompletandole? / Amor o k se vallan esos kilos ?

—Ya q se complete el biaje amor / Nada mas

—Ok amor

—Esperame tantito me estoy curando

—Ok

—Amor ya le dijeron komo ban los paketes k mande hoy ?

—Q estan vien amor los marcastes

—Ban 15 kilos marcados amor esos la verdad no estan buenos eran de la mota de callo le salieron esos malillos / Si amor estan marcados / Los de callo yevan la c y los 15 k le digo yegan mi marca y la c kn una ekis / But all the rest is good, love. / Pero toda la demas esta buena amor

—Q Bueno / Congratulations, sweetheart. / Te felisito Corazon

(sic)

El amor que llevó a la complicidad en los negocios terminó. Aquel hombre amoroso sabía marcar con "amabilidad" su territorio, lanzar amenazas sin que lo parecieran, pero dejando claro que con él no se jugaba. Sánchez López sabía cuando las cosas con Guzmán Loera no eran como antes. En enero de 2012 hubo conversaciones sobre cómo los grupos criminales, los "mafiosos" matan a los traidores. Ella no quería ser una más. Habló de algún homicidio y eso derivó en amenazas veladas. ¿Realmente sabía dónde estaba parada? No.

—Seria el dia k desian k abian matado al arki ?

—Pero es otro arki tmb no es el de usted / La jente dise tonteras amor

—Sii a cada rato dicenn tonterias y lo k no es lo inventan pakedar bn o mal / Amor

—Ay amor la jente no puede saber algo porque todo dise y la plevada lo q saven lo publican de inmediato

—Si amor asi es el mundo en todos los tiempos

—Aora no ay discresion amor la plevada olvidate si tu aora q fuistes a comprar ay comentarios aqui en la siudad el otros estados ya me an comentado amor

—Apoco le an comentado en otros estados k yo anduve parriva ? / No pss si k la gente es comunicativa yo segun me cuide k casi no me vieran y ya ve td el mundo ya save alato amanesco colgada x ai la envidia no crea k duerme amor

—Mira la mafia mata a la jente q no le paga o a la q pone el dedo pero al q es serio no amor

—Ps eso si amor yo c k una persona siendo derecha y ablando de frente en estas cosas dura años asta se puede morir de viejo uno pero tmb ai envidiosos k con tal de kitarlo del camino auno le asen males pero eso ami no me da miedo amor yo e pensado en las cosas antes yo se k yo no ando asiendo nada malo alcontrario kreo k es un veneficio para la gente y pss usted menos xk usted a ayudado mucho alos ranchos y yo me siendo orgullosa de yegar con la crente en alto guiada de usted amor / Y si austed le gusta lo k yo e echo y kiere k siga yo sigo asta k usted kiera ami me gusta eso me siento util xlo menos

—Asi es amor la mentira es la q acarrea malestar tu nunca eches mentira y siempre te veran vien amor eso siempre recuerdalo q te lo dije porque te amo auque cometas algun error no lo nigues y siempre andaras felis y te apresiara la jente te amo

—Gracias amor yo e jurado usted sabe y le e prometido ser buena mujer y no mentirle yo c k usted y yo estaremos bn siempre y yo c k la mentira no es nd buena y como dice usted solo acarrea problemas y desconfiansa y k la gente lo tome como locoo auno yo kiero k usted este orgulloso de mi en todo momento y yo se k lo esta lo amo mas k ami vida yo austed.

(sic)

Lo que Guzmán Loera y Sánchez López vivieron tuvo diversos momentos, varios de ellos amargos. El jueves 17 de enero de 2019, antes de que el juez Brian Cogan enviara a receso del fin de semana, ella habló del túnel construido en la vivienda de la Colonia Guadalupe, en Culiacán Sinaloa, por donde tuvo escapar junto a su amante y el ayudante de éste, "Condor", así como la sirvienta, "Chapis".

"Fue horrible, nunca había estado en un lugar así… húmedo, lleno de agua, de lodo", narró. "(En la salida) había una puerta de acero… no sé… con una manija como rueda, había que darle vuelta para abrirla". Salieron cerca de un río, "donde está la Conagua en Culiacán", afirmó en referencia a la institución que administra el sistema que potabiliza y distribuye agua en México. Habían caminado durante más de hora y media.

Sánchez López fue detenida el 21 de junio de 2017 en la frontera de Tijuana con San Diego, cuando intentó cruzar a los Estados Unidos, supuestamente para pedir asilo, después de haber sido destituida por el Congreso de su entidad. Fue enviada presa a Washington D.C., donde se declaró culpable en octubre de 2018 y enfrentó 10 años de cárcel, pero logró acuerdos tras proporcionar testimonio y documentos que ayudaran a la sentencia de Guzmán Loera. No jugó mal sus cartas, pero no fue fácil, ya que el primer día que rindió testimonio en el tribunal de Brooklyn rompió en llanto, se pidió un receso adicional antes de continuar con su testimonio, incluso había la posibilidad de que el juez cancelara la audiencia, pero ella dijo estar bien y continuó con su declaración.

Sus nervios habían colapsado en prisión, dejó entrever frente a Guzmán Loera que lo seguía queriendo, pero se mantuvo segura de sí cuando vio a su examante y a Emma Coronel vestidos con abrigos de terciopelo color vino. La esposa del líder del narco afirmó que vistieron igual simplemente porque "tenían una conexión", que ni siquiera se habían puesto de acuerdo, pero la ropa que lucía Guzmán Loera en las audiencias era proporcionada por su defensa y Coronel tenía una relación estrecha con ese equipo.

En marzo de 2019 se progamó una audiencia para determinar el futuro de Sánchez López, pero el ayudante del fiscal Anthony Nardozzi reconoció que no hubo avances. El 29 de mayo, una experta de la Oficina de Libertad Condicional de los Estados Unidos (USPO), Carmen Pérez, presentó un reporte PSI, un documento que le permitirá al juez determinar si la ex diputada podía salir bajo libertad condicional. Ese documento contiene detalles del caso, pero lo más importante es que integra un informe de cómo Sánchez López había colaborado con los fiscales para algún otro proceso judicial, como fue el caso de Guzmán Loera. "Recomendación del Informe PSI (preparado por la USPO Carmen Pérez) sobre LUCERO GUADALUPE SANCHEZ LOPEZ", indicaba el sistema de archivos judiciales de la Corte del Distrito de Columbia, documento marcado con el número 31 del caso de la mexicana, pero que no es público. Con base en esa información, el juez Rudolph Contreras podría tomar una decisión.

El último informe en el reporte judicial del caso de la "Chapodiputada" es que las partes, la acusadora y la defensa, presentarían un reporte sobre el caso. La audiencia del 4 de septiembre de 2019 no se llevaría a cabo.

A principios de 2020 hubo reportes de que Sánchez López ya no estaba bajo custodia de la Oficina de Prisiones de los Estados Unidos. Un fiscal explicó al semanario *Proceso* de México que era posible que estuviera bajo custodia de los alguaciles federales o bajo el programa de testigos protegidos.

***

Andrea Vélez fue mencionada en varias ocasiones en el juicio a Guzmán Loera. Ella vivía en la Ciudad de México, era asistente de Alex Cifuentes y colaboradora clave en los negocios del Cártel de Sinaloa en la Ciudad de México, pero decidió cooperar con las autoridades estadounidenses cuando fue amenazada de muerte.

El 17 de julio de 2019, el día en que Guzmán Loera recibiría sentencia, los fiscales llevaron a Vélez, de quien se esperaba su testimonio en la corte, pero la información que había proporcionado para asegurar las acusaciones contra su exjefe fue suficiente. Por supuesto, no fue gratis. La colombiana fue parte de la lista de cooperantes a cambio de $290 000 dólares, la visa S (que se otorga a testigos cooperantes) y la reubicación en Estados Unidos, además de la promesa de recibir una sentencia sin pisar la prisión.

Cuando Andrea ingresó a la sala del tribunal, Guzmán la miró fíjamente. Ella, alta, vestida de negro, se veía segura. Leyó una carta.

"Gracias al Gobierno de los Estados Unidos porque lideraron la investigación y me rescataron, literalmente, del Infierno", dijo Vélez. "El señor Guzmán trató de matarme y ahora tengo la oportunidad de decir la verdad".

Aquel día, Emma Coronel se había cambiado el estilo del cabello a uno castaño con varios tonos rubios. La colombiana iba igual.

"Tengo pesadillas de cuando Guzmán me usó de carnada para secuestrar a un militar en Ecuador", dijo.

Agregó que en aquella ocasión un comando armado llevaba armas AK-47 y que un grupo de policías federales intentaron matarla en la Ciudad de México, luego de que Guzmán Loera había ofrecido un millón de dólares de recompensa.

"Yo admiraba a Joaquín... trabajé en el proyecto de su película... Lo llegué a ver como una persona buena, amable. Cuando lo conocí le vi carisma", expresó. "Sentí que era parte de mi familia y que nada podría pasarme".

Andrea no precisó los motivos por los que Guzmán Loera quería asesinarla, pero afirmó que fue advertida por líderes de la organización criminal que no podría salir tan fácil del crimen organizado.

Cuando el grupo criminal empezó a notar que las autoridades sabían detalles que eran prácticamente imposibles de saber a menos que alguien se los proporcionara, como ubicaciones de droga, casas de seguridad y *modus operandi*, en la lista de sospechosos estaban Christian Rodríguez y Andrea Vélez. Ella supo que había un precio impuesto por "El Chapo" para terminar con su vida.

"Me recordaron que si me alejaba lo haría en una bolsa de plástico y con los pies por delante. Confieso que pagué un alto precio. Mis sueños de grandeza me hicieron perder a mi familia, a mis amigos", leyó la colombiana y soltó el llanto: "Me convertí en una sombra de mí".

Andrea creía merecer una nueva oportunidad, reivindicarse, aunque eso significara perder contacto con sus seres queridos.

"Nunca es tarde para pedir perdón", expresó. "Tiene dos hijas a las que no les gustaría que les pasara lo que a mí". Andrea se refería a las gemelas que Guzmán Loera tenía con Emma Coronel, quien miró a una de sus acompañantes ese día en el tribunal y a quien hizo una mueca de desaprobación. A Emma siempre le pareció injusto que sus hijas fueran mencionadas, pero no es posible hacerlas a un lado con un padre como el suyo, mucho menos cuando aparecen en varios mensajes obtenidos por autoridades.

Vélez dijo que deseaba cerrar este capítulo en su vida.

"Soy voz de las víctimas de esta guerra que no lograron llegar hasta acá, porque su vida fue velada", dijo.

Hay distintas formas de ver a quienes ayudan a las autoridades y dan la espalda a sus socios de fechorías. Ante los ojos de quienes persiguen "peces más grandes" son bendiciones, pero ante sus exsocios siempre serán traidores.

3. Una defensa imposible

¿Era posible defender al "Enemigo Público Número Uno" de los Estados Unidos? Sí. A los ojos de la justicia cualquier persona merece un juicio justo y, por supuesto, una defensa. Esa máxima, sin embargo, no asegura que los alegatos, por arriesgados que parezcan, permitan el triunfo de alguien acusado de 10 delitos de narcotráfico con diversas agravantes. Sin que eso importara, el equipo de defensa de Joaquín "El Chapo" Guzmán Loera se lanzó a lo grande: culpar a la corrupción en México sobre los crímenes de los que se acusó a su cliente, a quien se referían como un "agricultor", como el propio narcotraficante afirmaba ser. No mentía; él plantaba droga. La defensa tampoco mentía: en 2019, México ocupaba el lugar 130 de 198 países en el índice de corrupción de Transparencia Internacional. Había subido ocho lugares, pero arrastraba varios años de retroceso. De hecho, entre el 2011 y 2012, los años en que la DEA y el FBI obtuvieron la información de mayor valor para el juicio de Guzmán Loera (a través del sistema de comunicación), el país había llegado a la posición 105, donde se mantuvo la mayor parte del tiempo, durante los gobiernos de Felipe Calderón y Enrique Peña Nieto. Cuando se detuvo a "El Chapo" y logró escapar, México era catalogado como uno de los países más corruptos del planeta, mote que no ha podido quitarse desde entonces.

El 22 de febrero de 2014, el entonces presidente Peña Nieto confirmó que Guzmán Loera había sido capturado en un operativo. Ese año, México ocupaba la posición 103 de los países más corruptos del mundo.

"El Chapo" logró escapar el 11 de julio de 2015 del penal de máxima seguridad de El Altiplano, ubicado en Almoloya, Estado de México, donde había sido gobernador Peña Nieto, quien era presidente entonces. En aquel entonces, México ocupaba la posición 110 de los países más corrompidos.

Para aquel año, el Gobierno de los EE.UU. ya tenía a Guzmán Loera en su lista de los más buscados y ofrecía cinco millones de dólares por él. Había una fuerte presión sobre el Gobierno mexicano para detener a "El Chapo", lo cual ocurrió el 8 de enero de 2016, y que fue anunciado en Twitter por el propio presidente Peña Nieto. Ese año, México había ascendido 13 posiciones en la lista de los países más corruptos, llegando al lugar 123.

El 19 de enero de 2017, un día antes de la toma de posesión del presidente Donald Trump, Guzmán Loera fue extraditado a Nueva York y enviado al Centro Correccional Metropolitano de Manhattan. México había subido 12 posiciones más en el ranking de los países más corruptos, es decir, estaba en el lugar 135.

Las primeras audiencias en el caso de Guzmán Loera comenzaron en 2018 en la Corte del Distrito Este de Nueva York, la cual tiene sede en la Plaza Cadman, en Brooklyn. Para entonces, México había escalado otros tres lugares entre los más corruptos para lograr la posición 138. Era el último año de la administración de Peña Nieto.

Los problemas de corrupción en México sí tienen una relación en la forma en que crecen sus organizaciones criminales, éstas no pueden operar sin socios en el Gobierno. Por ello fue importante conocer algunos nombres de oficiales altamente corrompidos –o presuntamente–, como Genaro García Luna, quien lideró la Agencia Federal de Investigaciones (AFI) desde 2001, en el Gobierno de Vicente Fox, y fue secretario de Seguridad Pública durante el Gobierno de Felipe Calderón. Ambos mandatarios del Partido Acción Nacional (PAN).

Este libro se escribe al mismo tiempo que García Luna enfrenta un proceso judicial en la misma Corte donde Guzmán Loera fue sentenciado. De hecho, el juez Brian Cogan, el mismo que lideró el juicio contra "El Chapo", está a cargo del caso. Es posible que no llegue a juicio, pero ojalá ocurra lo contrario, porque serían públicos los diversos *modus operandi* de las autoridades mexicanas a distintos niveles, incluyendo al presidente Felipe Calderón. Un alto mando como García Luna no opera solo. Un alto mando como García Luna sabe demasiado, lo que explica su reto de un juicio abierto, a sabiendas de que hay mucha información que puede interesarle a los fiscales federales para negociar. García Luna sabe todo sobre el peor momento del crimen organizado en México y sabe todo sobre cómo las autoridades federales protegieron a esos grupos para obtener tanto poder.

Volviendo a la defensa de "El Chapo", no es descabellado que señalaran que la corrupción es la culpable de que exista un personaje como él, pero –y lo hay– Guzmán Loera tomó sus decisiones y no logró cubrirse bien la espalda. Es decir, aunque hay una relación entre su avance como líder del Cártel de Sinaloa –corrección, como uno de los líderes, ya que Ismael "El Mayo" Zambada es el otro– y la corrupción en su país, en realidad él decidió tomar ventaja de esa situación. Los fiscales lo expusieron sin dejar paso a "la duda razonable".

***

Antes de continuar este capítulo es importante saber de qué estaba acusado exactamente Guzmán Loera. El jurado de ocho mujeres y cuatro hombres que halló culpable a Guzmán Loera de 10 cargos en su contra tuvo que llenar un formato de tres páginas. Debían entregar el documento al juez Cogan, donde marcaron CULPABLE o NO CULPABLE, cargo por cargo.

El documento "Maestro" es el 572 del archivo del caso *United States v. Joaquin Archivaldo Guzman Loera*. La hora del veredicto incluyó instrucciones y acusaciones simples. En la primera acusación había 27 violaciones o agravantes, era la acusación más sólida y precisa. El jurado debía señalar si cada una de las violaciones o agravantes había sido "DEMOSTRADA" o "NO DEMOSTRADA".

Hoja del Veredicto

Cargo uno: liderar continuamente una organización criminal

Cargo: distribución internacional de cocaína con el Cártel del Valle Norte

Veredicto Cargo Uno

Culpable ✔   No Culpable__

Violación uno: distribución internacional de Cocaína – 3200 kilogramos – Enero de 2005

Demostrado ✔   No Demostrado__

Violación dos: distribución internacional de cocaína – 12 000 kilogramos – agosto-septiembre de 2004

Demostrado ✔   No Demostrado__

Violación tres: distribución internacional de cocaína – 12 500 kilogramos – agosto-septiembre de 2004

Demostrado ✔   No Demostrado__

Violación cuatro: distribución internacional de cocaína – 10 000 kilogramos – Julio de 2004

Demostrado ✔   No Demostrado__

Violación cinco: distribución internacional de cocaína – 10 000 kilogramos – mayo-junio de 2004

Demostrado ✔   No Demostrado__

Violación seis: distribución internacional de cocaína – 800 kilogramos – abril 2004

Demostrado ✔   No Demostrado__

Violación siete: distribución internacional de cocaína – 10 000 kilogramos – marzo-abril de 2004

Demostrado ✔   No Demostrado__

Violación ocho: distribución internacional de cocaína – 800 kilogramos – enero-marzo de 2004

Demostrado ✔   No Demostrado__

Violación nueve: distribución internacional de cocaína – 6465 kilogramos – enero de 2004

Demostrado ✔   No Demostrado__

Violación diez: distribución internacional de cocaína – 6000 kilogramos – noviembre-diciembre de 2003

Demostrado ✔   No Demostrado__

Violación once: distribución internacional de cocaína – 3600 kilogramos – agosto-septiembre de 2003

Demostrado ✔   No Demostrado__

Violación doce: distribución internacional de cocaína – 7300 kilogramos – 21 de abril de 1993

Demostrado ✔   No Demostrado__

Cargo: distribución de cocaína con la Organización Cifuentes-Villa

Violación trece: distribución internacional de cocaína – 4500 kilogramos – diciembre de 2008

Demostrado ✔   No Demostrado__

Violación catorce: distribución internacional de cocaína – 8300 kilogramos – octubre 2009

Demostrado ✔   No Demostrado__

Violación quince: distribución internacional de cocaína – 7500 kilogramos – febrero de 2009

Demostrado ✔   No Demostrado__

Cargo: distribución internacional de cocaína de otros proveedores de América del sur

Violación diez y seis: distribución internacional de cocaína – 4716 kilogramos – septiembre de 2008

Demostrado ✔   No Demostrado__

Violación diez y siete: distribución internacional de cocaína – 5000 kilogramos – septiembre de 2008

Demostrado ✔   No Demostrado__

Violación diez y ocho: distribución internacional de cocaína – 19 000 kilogramos – marzo de 2007

Demostrado ___   No Demostrado ✓

Violación diez y nueve: distribución internacional de cocaína – 403 kilogramos – enero de 2014

Demostrado ✓   No Demostrado ___

Cargo: distribución de cocaína, heroína y marihuana

Violación veinte: distribución internacional de cocaína – 1997 kilogramos – enero de 2003

Demostrado ✓   No Demostrado ___

Violación veintiuno: distribución internacional de cocaína – 1952 kilogramos – agosto de 2002

Demostrado ✓   No Demostrado ___

Violación veintidós: distribución internacional de cocaína – 1923 kilogramos – mayo de 2004

Demostrado ✓   No Demostrado ___

Violación veintitrés: distribución internacional de cocaína – 1100 kilogramos – septiembre de 1999

Demostrado ✓   No Demostrado ___

Violación veinticuatro: distribución internacional de marihuana – 409 kilogramos – enero de 2012

Demostrado ___   No Demostrado ✓

Violación veinticinco: distribución internacional de heroína – 20 kilogramos – noviembre de 2008

Demostrado ✓   No Demostrado ___

Violación veintiseis: distribución de cocaína – 926 kilogramos – mayo de 1990

Demostrado ✔   No Demostrado__

Responda la siguiente pregunta solamente si encontró que al acusado culpable de los cargos dos, tres o cuatro.

Violación veintisiete: conspiración para cometer asesinato– enero de 1989 a septiembre de 2014

Demostrado ✔   No Demostrado__

Responda las siguientes preguntas solamente si encontró al acusado culpable en el cargo uno.

¿Ha el gobierno demostrado más allá de la duda razonable que al menos una violación que usted ha determinado a ser demostrada involucró al menos 150 kilogramos de cocaína?

Sí✔   No__

¿Ha el gobierno demostrado más allá de la duda razonable que la organización recibió $10 millones o más en ingresos en un periodo de menos uno a 12 meses por la manufactura, importación o distribución de cocaína?

Sí✔   No__

¿Ha el gobierno demostrado más allá de la duda razonable que el acusado fue uno de los varios principales administradores, organizadores y líderes de la organización?

Sí✔   No__

Cargo dos: conspiración para la manufactura y distribución de cocaína, heroína, metanfetamina y marihuana

Veredicto Cargo dos

Culpable ✔   No Culpable__

Responda la siguiente pregunta solamente si encontró culpable al acusado en este cargo.

¿Ha el gobierno demostrado más allá de la duda razonable que la ofensa involucró cinco kilogramos o más de cocaína?

Sí✔   No__

¿Ha el gobierno demostrado más allá de la duda razonable que la ofensa involucró un kilogramo o más de heroína?

Sí✔   No__

¿Ha el gobierno demostrado más allá de la duda razonable que la ofensa involucró 500 gramos o más de metanfetamina?

Sí✔   No__

¿Ha el gobierno demostrado más allá de la duda razonable que la ofensa involucró 1000 o más kilogramos de marihuana?

Sí✔   No__

Cargo tres: conspiración para la importación de cocaína

Veredicto en el Cargo tres:

Culpable ✔   No Culpable__

Responda la siguiente pregunta solamente si encontró al acusado culpable en este cargo.

¿Ha el gobierno demostrado más allá de la duda razonable que la ofensa involucró cinco kilogramos o más de cocaína?

Sí✔   No__

Cargo cuatro: conspiración para la distribución de cocaína

Veredicto en el Cargo cuatro:

Culpable ✔   No Culpable__

Responda la siguiente pregunta solamente si ha encontrado culpable al acusado en este cargo.

¿Ha el gobierno demostrado más allá de la duda razonable que la ofensa involucró cinco kilogramos o más de cocaína?

Sí✔   No__

Cargo cinco: distribución internacional de cocaína

Nota: Este cargo es la misma ofensa de la violación trece del Cargo uno.

Veredicto en el Cargo Cinco:

Culpable ✔   No Culpable__

Responda la siguiente pregunta solamente si ha encontrado culpable al acusado en este cargo.

¿Ha el gobierno demostrado más allá de la duda razonable que la ofensa involucró cinco o más kilogramos de cocaína?

Sí✔   No__

Cargo seis: distribución internacional de cocaína

Nota: Este cargo es la misma ofensa marcada como violación dos del Cargo uno.

Veredicto en el Cargo seis:

Culpable ✔   No Culpable__

Responda la siguiente pregunta solamente si ha encontrado culpable al acusado en este cargo.

¿Ha el gobierno demostrado más allá de la duda razonable que la ofensa involucró cinco o más kilogramos de cocaína?

Sí✔   No__

Cargo siete: distribución internacional de cocaína

Nota: Este cargo es la misma ofensa marcada en la violación tres en el Cargo uno.

Verdicto en el Cargo siete:

Culpable ✔   No Culpable__

Responda la siguiente pregunta solamente si ha encontrado culpable al acusado en este cargo.

¿Ha el gobierno demostrado más allá de la duda razonable que la ofensa involucró cinco o más kilogramos de cocaína?

Sí✔   No__

Cargo ocho: distribución internacional de cocaína

Nota: Esta ofensa es el mismo cargo mercado en la

Violación ocho del Cargo uno.

Verdicto en el Cargo ocho:

Culpable ✔   No Culpable__

Responda la siguiente pregunta solamente si ha encontrado culpable al acusado en este cargo.

¿Ha el gobierno demostrado más allá de la duda razonable que la ofensa involucró cinco o más kilogramos de cocaína?

Sí✔   No__

Cargo nueve: uso de armas

Nota: Solamente considere este cargo si ha encontrado culpable al acusado en una o más de las acusaciones en los Cargos del uno al cuatro.

Verdicto del Cargo nueve:

Culpable ✔   No Culpable__

Responda la siguiente pregunta solamente si ha encontrado culpable al acusado en este cargo.

¿Ha el gobierno demostrado más allá de la duda razonable que una o más de las armas contempladas en el Cargo nueve fueron blandidas?

Sí✔   No__

¿Ha el gobierno demostrado más allá de la duda razonable que una o más de las armas contempladas en el Cargo Nueve fueron descargadas?

Sí✔   No__

¿Ha el gobierno demostrado más allá de la duda razonable que uno más de las armas contempladas en el Cargo Nueve fue una ametralladora?

Sí✔   No__

Cargo diez: conspiración para lavar ganancias de narcoticos

Verdicto en el Cargo diez:

Culpable ✔   No Culpable__

Fechado el 12 de febrero de 2019.

Algunas de las acusaciones parecen mínimas como para que Guzmán Loera haya sido sentenciado a cadena perpetua más 30 años de prisión, sin considerar los 20 años por conspiración en el lavado de dinero, tiempo que fue integrado a la cadena perpetua,[14] pero todos los señalamientos tienen un motivo y consecuencia. Fueron pensados para dos aspectos clave: cubrir el "monto" mínimo de un delito y confirmar que los fiscales demostraron las acusaciones "más allá de la duda razonable".

Las preguntas en cada cargo son importantes, porque establecen esos montos mínimos por los que Guzmán Loera fue acusado, hallado culpable y sentenciado. ¿Por qué? Eso le pregunté al profesor Daniel Richman, sobre quien mencioné parte de sus credenciales en el primer capítulo de este libro, pero hay que agregar que fue ex fiscal federal de la Oficina del Fiscal de los Estados Unidos para el Distrito Sur de Nueva York, quien enseña y escribe sobre adjudicación penal, derecho penal federal, sentencias y ciberseguridad, privacidad de datos y ley de vigilancia. Este experto egresado de las universidades de Harvard y Yale recibió el Premio Presidencial de Enseñanza de la Universidad de Columbia, donde imparte clases. Como fiscal fue el principal abogado

---

14 Hay quienes no mencionan los 30 años adicionales de prisión, pero esa sentencia es significativa, considerando que Guzmán Loera enfrentaba varias cadenas perpetuas. El juez Brian Cogan debía asegurarse de que —en un improbable caso de que ocurriera— "El Chapo" nunca saldría de la cárcel después de terminar una cadena perpetua. ¿Quién viviría tanto para terminar una cadena perpetua y 30 años adicionales? La sentencia absurda no es porque vaya a ocurrir, sino para enviar mensajes sobre delitos que no permitirían la liberación de personajes como el sinaloense.

de apelaciones y trabajó en asuntos sobre el crimen organizado y las unidades de narcóticos. También fue asesor del director del FBI James B. Comey y consultor del Departamento de Justicia.

El profesor Richman explicó que los montos mínimos permiten los procesos judiciales justos en dos vías: es benéfico para el acusado y es satisfactorio para los fiscales para demostrar aquello de lo que acusan.

"La razón es que para las acusaciones en cortes federales debe haber ciertos montos (en drogas), considerando el tiempo que los acusados pueden pasar en cárcel", explicó en entrevista. "Si tienes mínimos montos puedes tener una sentencia de hasta cinco años de cárcel. Si tienes más de cinco kilogramos puedes tener de cinco a 40 años de cárcel. Por eso existen los montos, técnicamente es como puede afectar al momento de sentenciar a una persona. Arriba de cinco kilos, el castigo obligatorio es de al menos 10 años de cárcel".

El experto reconoció algo al inicio de la entrevista: no siguió a detalle el juicio contra Guzmán Loera. Conoce al personaje, pero no los detalles, así que le tuve que explicar lo expuesto en la Hoja del Veredicto, pero dada su experiencia fue fácil para él entender a lo que me refería. Lo consulté a él –y tuve mucha suerte dadas sus credenciales— porque es un experto no involucrado en el proceso, es decir, su mirada fresca podía explicar con peras y manzanas cómo se establecieron las acusaciones y técnicamente por qué debió ser así. Uno de los aspectos que precisó es que, por supuesto, los montos de droga que Guzmán Loera había traficado eran mucho más grandes que los mínimos a demostrar, pero para el proceso judicial la ley establece una base suficiente. "Por supuesto es mucho más la droga que se involucró a este caso, pero 5 kilogramos es suficiente", expuso. Recordemos que en la mayoría de los cargos, relacionados con la distribución de cocaína, las autoridades establecieron como mínimo cinco kilogramos de cocaína para su producción, distribución e importación.

"Esos montos también se establecen por un asunto de imparcialidad para el acusado", explicó Richman. "No es justo decir solamente que este hombre es un gran traficante de droga. Por eso es importante tener la cantidad de droga con fechas específicas. Lo que viste en el juicio es que el gobierno trato de manejarlo justamente". ¿A qué se refiere? Cuando el experto afirma como "poco justo" decir que Guzmán Loera es un "gran traficante" de droga, no es que le quite mérito a su carrera criminal, sino que la ley establece una base de acusación para un delito altamente condenable. Esto también va en beneficio de los fiscales, ya que es más sencillo para ellos demostrar la producción, distribución e importación de menos cantidades de cocaína, heroína, metanfetaminas y marihuana que las toneladas establecidas en las bitácoras que hemos descrito en el segundo capítulo, por ejemplo. Las fechas, indicó el experto, también son importantes, porque, aunque los fiscales hayan mostrado pruebas sobre el tráfico de droga en diferentes días y en un periodo de 1989 a 2014, la combinación de cantidades y los meses o fechas específicas ayudan a reforzar la acusación.

***

Aunque en el juicio se habló de ejecuciones, los homicidios son delitos difíciles de demostrar, sobre todo si no se tiene el cuerpo y el arma con la que se cometieron directamente que arroje información específica. Los fiscales fueron listos, ya que en las audiencias señalaban a Guzmán Loera como un perpetrador de varios homicidios, pero en los documentos judiciales, sobre todo aquellos que marcaron el veredicto no hubo acusaciones como homicida, sino como conspirador. Incluso el juez Brian Cogan dijo al jurado –cuando dio las instrucciones sobre homicidios– que tomaran en cuenta que a Guzmán Loera no se le acusaba de un asesinato en particular, sino de conspirar con otros para que esos homicidios ocurrieran. El abogado Richman señaló que los fiscales no tenían que demostrar que Guzmán Loera "tiró del gatillo" para matar a una persona, pero sí debieron exponer suficientes pruebas que confirmaran que las actividades ilícitas del líder criminal conllevaban la planeación y comisión de asesinatos, incluso por venganza. En otras palabras, no importaba quién mató a quién, sino que hubo un plan para matar.

"Lo primero a entender es que un homicidio no es un crimen federal, no lo trata una corte federal", expuso el abogado Richman. "Lo que tienes aquí son dos cosas: los crímenes de tráfico de drogas son más fáciles de tratar en cortes federales que los homicidios… y otro punto es que si acusan a alguien por homicidios, el acusado tendría demasiadas acusaciones por esos crímenes… prueba solamente lo que puedes probar, es lo que el Gobierno dice". La última frase el experto es clara: los fiscales probaron que

Guzmán Loera estuvo involucrado en la planeación de homicidios. "(Los fiscales) no tienen que demostrar los asesinatos, porque los asesinatos son parte del tráfico de drogas... el tráfico de drogas puede ocurrir en diversos modos... uno de esos modos es matando a personas, eso puede demostrarse como una conspiración. Entonces, en el sistema judicial de Estados Unidos, un acusado será señalado por esos crímenes cometidos como parte del tráfico de drogas".

La violación 27 del cargo uno es clara: "Conspiración para Cometer Asesinato" y marca un periodo amplio de enero de 1989 a septiembre de 2014. Durante el juicio se mostraron diversos momentos, pero fue Isaías Valdez Ríos, alias "Memín", quien dio un paso adelante y narró tres ejecuciones concretadas por Guzmán Loera. Su narración ocurrió el 24 de enero, donde recordó cómo "El Chapo" se obsesionó por algunas personas que ponían en peligro sus operaciones criminales. Algunos de esos "dedos" o informantes, según el testimonio, fueron torturados y luego asesinados por órdenes de Guzmán Loera o directamente por él.

"Memín" contó que colaboró en el Cártel de Sinaloa alrededor de nueve años, de 2004 a 2013, tiempo durante el cual ocupó varios cargos dada su efectividad. Fue parte del círculo de seguridad de "El Señor", como también se conocía a Guzmán Loera, cuando huía en las montañas del Ejército. También fue su secretario particular. Incluso fue enviado a concretar negocios en Honduras. Luego fue responsable de la seguridad de los hijos de "El Chapo", Alfredo Guzman Salazar e Iván Guzmán Salazar. "Memín" contó que terminó su carrera en la organización criminal como piloto, transportando cocaína de América del Sur y Centroamérica a México.

Su testimonio resultó clave para dos de las acusaciones contra Guzmán Loera: el uso de armas y la conspiración de delitos. Las "credenciales" de "Memín" no se pusieron a discusión en la Corte. Él mismo enfrenta acusaciones por sus delitos. Valdez Ríos contó que sabía que ingresar al Cártel implicaba el uso de armas cortas y largas con las cuales tenía familiaridad, ya que fue miembro del Cuerpo de las Fuerzas Especiales de las Fuerzas Armadas, mejor conocidos como "GAFEs", esa experiencia lo llevó a tener asignaciones para secuestrar personas o matarlas, como aquella ocasión en que Manuel Alejandro Aponte Gómez, alias "Bravo", lo llamó para buscar a un sujeto en su vivienda, a quien "Bravo" mató.

"Memín", de 40 años, ofreció uno de los testimonios más entretenidos que haya habido en la corte. Es un hombre carismático, de risa fácil y contagiable. Entre las historias atroces de crímenes contaba anécdotas que hacían soltar la carcajada a los asistentes a la Corte. Hablaba de secuestros, torturas y homicidios como si fueran divertidas anécdotas. Su testimonio reveló que entre 2006 y 2007 su jefe, "El Señor", "El Gerente", "El Apá", como él lo conocía, tiró del gatillo en varias ocasiones. Decía que fueron sangrientas venganzas contra informantes o enemigos.

En una ocasión, contó, el otro líder del Cártel, "El Mayo" Zambada, les mandó a un enemigo, quien fue transportado por el piloto de ese otro líder. "Venía bastante torturado… quemado con plancha… la playera pegada a la piel… marcas de encendedor de auto en el cuerpo… los pies quemados… con los ojos vendados", narró. "¿Cómo me mandan un cabrón así?",

habría dicho Guzmán Loera sobre el hombre torturado, según contó Valdez Ríos "¿Para qué me sirve un
cabrón así?", habría agregado "El Chapo". La persona fue encerrada en una jaula, en un espacio a unos
50-100 metros de distancia del cuarto donde dormía
Guzmán Loera, quien después de tres días decidió
interrogar al sujeto que trabajaba para el Cártel de
los Arellano Félix. No lo mató. A los pocos días otros
ayudantes se dieron cuenta de que aquel hombre
apestaba. Cerca de donde estaban había un pequeño
panteón y en una loma cavaron un hoyo que ordenó
el "El Chapo", quien portaba un arma corta calibre
25 milímetros, según "Memín". El sujeto fue llevado
frente a la que sería su tumba. Valdez Ríos afirmó
haber visto a Guzmán Loera matar al desgraciado:
"Le quitó el seguro (a su arma)... se la puso atrás (del
sujeto)... disparó y punto", agregó "Memín", quien
afirmó que al tiempo que disparaba su jefe expresó:
"¡A chingar a tu madre!". Guzmán Loera escuchó la
atento la narración desde la silla del acusado. No per-
dió detalle.

Valdez Ríos –cuya fotografía está marcada con la
Prueba 96– pudo haber sido un gran cuentacuentos,
ya que sus narraciones en la corte fueron detalladas
y entretenidas, incluso demostró tener vena de imi-
tador, pues cada que se refería a su exjefe hacía el
tono: "Hey, chavalones, ahí les mandan un regalo".
Guzmán Loera lo miraba sin necesidad de traductor.
El testimonio fue en español.

Unos de los mayores enemigos de Guzmán Loera
eran "Los Zetas". Contra ningún miembro de otra
asociación criminal hay misericordia en Sinaloa,
pero esa organización tenía un lugar especial entre
las más odiadas. En una ocasión, miembros de ese

grupo habían sido capturados por la gente de Dámaso López Núñez, el "Licenciado", en El Dorado. Se los llevaron a Guzmán Loera. Iban amarrados, "pero no vendados", detalló "Memín". Guzmán Loera ordenó: "Váyanlos calentando". Su orden era tortura. Luego los llevaron a otro lugar, a unos 500 metros, donde "El Chapo" pidió un tronco grueso con el que los golpeó sin matarlos, pero los dejó hechos una piltrafa. Por la golpiza quedaron con "los huesos rotos, (el cuerpo) sin movimiento", contó Valdez Ríos. "¡Hijos de su pinche madre, ¿cómo es posible que trabajen para ellos y nos traiciones a nosotros?", habría expresado Guzmán Loera. Estaba furioso. Ordenó a "Bravo" cavar un enorme hoyo y prender una gran fogata. A los zetas los subieron en la parrilla de dos cuatrimotos, una conducida por Guzmán Loera y otra por "Bravo".

"Fueron a la hoguera… las personas no iban amarradas… agarraron y los aventaron de las cuatrimotos", agregó "Memín", quien afirmó que desde la tortura, Guzmán Loera portaba su AR15 o una M16. "Los zetas tenían cara de asustados (al ver el fuego) … "Chapo" no dijo mucho… puso el rifle en la cabeza", detalló el testigo cuestionado por el ayudante del fiscal Anthony Nardozzi. "¡A chingar a su madre!", habría dicho Guzmán Loera al tiempo que jaló el gatillo con cada uno; ordenó echarlos al fuego y asegurarse "de que no queden ni los huesos".

Valdez Ríos es una prueba de que la traición se paga con la vida en el crimen organizado. Él estuvo a punto de morir, afirma, luego de que Alex Cifuentes inventara historias sobre él tras enviarlo a Honduras a coordinar la construcción de una pista de aviones para transportar droga, pero tomó dinero sin avisar y se compró un auto de lujo y otros bienes. Cuando Guzmán Loera se enteró, afirmó el testigo, lo mandó golpear y como prueba "El Chapo" vio unas fotografías –mostradas por Alex Cifuentes— donde se veía a "Memín" enyesado tras la golpiza. Valdez Ríos reconoció que en Honduras tomó parte de los $250 000 dólares enviados por "El Chapo" para los gastos de la pista, que incluía la compra de vehículos y otros menesteres. Julissa, una mujer que lo ayudaba en aquel país, le pidió dinero supuestamente para atender una emergencia médica para su hijo que costaría $40 000 dólares en Miami, Florida. "Memín" le dio el dinero, aunque reconoció que compró "un Mercedes Benz viejo", además de uno de los camiones que pidió su jefe a un costo de $20 000 dólares, a pesar de que solamente tenía aprobados $18 000, así que él puso el resto. "El señor Joaquín me pidió que comprara los vehículos", afirmó. "Yo tontamente, la verdad, alteré los precios de los vehículos", reconoció. El asistente en turno de Guzmán Loera le advirtió a "Memín" que tuviera cuidado, porque Alex Cifuentes lo había acusado con el jefe de tomar dinero sin permiso para comprarse un Rolex y una mansión. "Nada más ten cuidado, porque andan diciendo que estás haciendo malas cosas", le advirtió el ayudante, de quien no dijo el nombre. Cuando volvió a México, Valdez Ríos no fue a ver a Guzmán Loera, porque temía lo peor. "Me enyesé la pierna y mandé las fotos", contó, lo cual coincide con las supuestas imágenes que Alex Cifuentes vio sobre la golpiza que se mandó a darle a "Memín". Manuel Alejandro Aponte Gómez, alias "Bravo", uno de los sicarios de Guzmán Loera conocía bien a "Memín" y, según éste, intervino por él, para contarle la verdad a "El Señor", quien le creyó y lo llamó para externarle su perdón. "Chavalón, ¿cómo estás? Ya me dijeron que todo es mentira...", afirmó Valdez Ríos que su jefe le expresó. "Somos familia... aquí no pasó nada... póngase a la orden con el compadre Bravo y le dirá qué hacer", habría dicho Guzmán Loera. "Memín" se reintegró de esa forma al cártel, según su testimonio.

Valdez Ríos fue detenido el 24 de marzo de 2014 en el aeropuerto El Dorado, en Colombia. El 14 de septiembre de ese mismo año, contó, se declaró culpable del tráfico de drogas en una corte en Washington, D.C., pero el acuerdo con fiscales federales para rendir testimonio contra su exjefe podría darle beneficios y salir en menos de 10 años de prisión. Él fue el cooperante 13.

"En este caso, la evidencia directa fue confirmada por cooperantes... expuso que la evidencia circunstancial podría ser poco importante, pero la evidencia directa y los cooperantes permiten afianzar el caso, incluso si la defensa intenta desacreditar a los testigos", explicó el abogado Richman sobre la importancia de estos personajes.

La descripción de los crímenes cometidos por Guzmán Loera ayudó a los fiscales a exponer como homicida o conspirador de homicidios al sinaloense. No había necesidad de demostrar los homicidios, como apuntó el abogado Richman, el testimonio fue suficiente para retratar el uso de armas, la tortura y el homicidio a manos de "El Chapo"

.

***

El fiscal Adam Fels es un viejo lobo de mar en el Departamento de Justicia y en la persecución del crimen organizado. Es, además, socio fundador de

Fridman Fels & Soto, PLLC, en Florida. Se desempeñó como Fiscal Asistente de los EE.UU. en el Distrito Sur de Florida durante 13 años, enfocado en juicios internacionales sobre el lavado de dinero, antinarcóticos y el terrorismo. También se desempeñó como Asistente Especial del Fiscal en el Distrito Sur de Nueva York y el Distrito Este de Nueva York. Fue uno de los principales fiscales y pronunció la declaración de apertura en el enjuiciamiento contra Guzmán Loera. Hizo un resumen de lo que se vería en el proceso.

"Dinero. Efectivo. Asesinato", expresó Fels ante el jurado en su declaración de apertura de 30 minutos. "Un vasto imperio mundial del narcotráfico: de eso se trata este caso y de lo que mostrarán las pruebas". Luego preguntó quién era responsable de ello. ¿Y quién es el capo? Señaló a Guzmán Loera: "¡Ese hombre!". En su discurso Fels habló de algunos pasajes que sirvieron para demostrar la violencia y el *modus operandi* de "El Chapo", como el asesinato que narró Isaías Valdez Ríos, "Memín", cuando su exjefe mató a dos enemigos del cártel tras torturarlos. "Era un líder práctico", lo calificó Fels. "Sacó un rifle y disparó a dos hombres a quemarropa... luego ordenó a sus trabajadores que cavaran un hoyo y quemara los cuerpos", relató el fiscal. En los días finales del juicio, "Memín" contó la misma historia, pero con mayores detalles, en medio de chistes e imitaciones sobre su jefe.

Fels no tuvo complicación para exponer los delitos que presuntamente había cometido Guzmán Loera, muchos de ellos narrados en libros sobre el narco y periódicos en México, pero su narrativa fue construida con base en las entrevistas a los cooperantes y en la revisión de documentos, videos, audios y otro material proporcionado por la DEA, el FBI, el

HSI (la división de investigación especial de ICE), el NYPD y otras policías estatales. A Guzmán Loera se le juzgó por delitos cometidos durante un largo tiempo, de 1989 a 2014, pero las pruebas —podría decirse— que tuvieron mayor peso fueron de la última década.

Fels habló de la guerra entre los grupos criminales. Las grabaciones mostradas más adelante confirmaron esa batalla que el Cártel de Sinaloa enfrentaba con otros grupos, especialmente "Los Zetas", los Beltrán Leyva y el Cártel de Juárez. Decenas de decapitaciones fueron el resultado de esa batalla, además de la acumulación de cadáveres en diversos estados, sobre todo en Sinaloa y Chihuahua. "Juárez se convirtió en una zona de guerra cuando los cuerpos se apilaron a ambos lados", afirmó Fels.

El objetivo de los fiscales fue no solamente exponer las pruebas, llevar testigos y expertos, sino controlar la narrativa. Lo lograron desde un principio. Nada de lo que hizo la defensa funcionó. Tampoco es que pudieran hacer mucho, ya que –como dice el experto Richman— los abogados de Guzmán Loera no tienen que demostrar nada, sino desestimar las pruebas contra su cliente, pero era un trabajo imposible ante miles de documentos, fotografías, videos, audios. Lo que quedó a la defensa era atacar a los testigos, especialmente a los cooperantes, quienes fueron ayudantes, socios, amigos, compadres y amantes de Guzmán Loera. También denostar a las autoridades mexicanas por permitir que un personaje como él lograra tanto poder en más de 25 años. Tenían razón, como se ha dicho, no hay modo en que una organización criminal del nivel del Cártel de Sinaloa crezca sin ayuda de los gobiernos locales, estatales y federales.

De los primeros dos es, quizá, entendible, porque la proximidad permite las negociaciones. El verdadero poder de un grupo criminal se muestra cuando es capaz de controlar fuerzas federales. Guzmán Loera y sus socios lo lograron, pero eso, como se demostró, no quitaba que "El Chapo" fuera culpable y los fiscales estaban listos para demostrarlo.

En su discurso de apertura, Jeffrey Lichtman lanzó varias acusaciones, pero hubo una que los fiscales refutaron en forma inmediata: la afirmación de que Guzmán Loera fue "entregado" por su socio "El Mayo" Zambada en colusión con las autoridades mexicanas y el Gobierno de los EE.UU. La teoría no suena descabellada, pero dado que la defensa no tiene que probar nada, la simple duda ponía en riesgo el trabajo de los fiscales. El juez Cogan se puso de su lado y recordó que podría haber más de un líder, pero eso no descartaba la existencia de otro. "Puedes tener dos traficantes de drogas, uno de los cuales está enfrentando al Gobierno y otro no", dijo el magistrado. "Eso no significa que el que no lo hizo no cometió los crímenes". Y era justo lo que buscaba demostrarse.

Lichtman jugó desde el principio con la teoría del "personaje inventado" por la prensa y las autoridades, pero a él mismo le gustaba ser protagonista en los medios para exponer sus puntos de vista. Aseguró que el caso mostraría un "mito", no un personaje real, olvidando a los miles de muertos derivados de la guerra de narcotráfico en México, donde el Cártel de Sinaloa y "El Chapo" tuvieron un papel importante según los medios mexicanos y las propias autoridades. Demasiada evidencia sobre la mesa para ser un "mito". "Este es un caso que requerirá que desechen gran parte de lo que les pidieron creer sobre la forma como funcionan y cómo se comportan, los gobiernos, de América del Sur, Central, México e incluso Estados Unidos", dijo Lichtman al jurado. "Este es un caso que requerirá que abran sus mentes a la posibilidad de que los funcionarios gubernamentales al más alto nivel puedan ser sobornados, puedan conspirar para cometer crímenes horribles, que los agentes de las fuerzas del orden estadounidenses también puedan ser corruptos". Tampoco es que mintiera. ¿Eran ellos los que estaban en juicio? No, pero Lichtman creía que otros debían estar en el banquillo de los acusados. Creía que la fama de su cliente era un "mito", aunque reconoció que Guzmán Loera "disfrutaba de la publicidad… disfrutó de la notoriedad". Lichtman también se lanzó contra los exsocios que buscaban un beneficio, no cooperaban porque fueran buenas personas. "Estas son personas que han mentido todos los días… están aquí porque quieren salir de la cárcel por cualquier medio necesario", expresó. Tampoco mentía. Los cooperantes tenían acuerdos con las autoridades, algunos para no pisar la prisión y quedar protegidos y otros para reducir sus sentencias.

Los discursos de apertura de los fiscales y la defensa marcaron lo que sería el tono del juicio… y no decepcionaron a la audiencia.

***

Lichtman podría decir lo que quisiera como defensor, pero el Departamento de Justicia tenía una larga investigación que fue conectando pacientemente durante varios años, incluso contra otros socios de Guzmán Loera, no es que no quisiera ir contra ellos, sino que tenía una estrategia específica al respecto. Hay decenas de documentos judiciales que mencionan acusaciones directas contra Guzmán Loera. Por ejemplo, en julio 2013, el Distrito Norte de Illinois en un gran jurado especial aprobó acusaciones formales contra "El Chapo", "El Mayo" Zambada; Jesús Alfredo Guzmán Salazar, alias "Alfredillo" o "JAGS" (hijo de Guzmán Loera); Heriberto Zazueta Godoy, alias "Capi Beto"; Víctor Manuel Félix Beltrán, alias "Lic Vic"; Jesús Raúl Beltrán León, alias "Trevol" o "Chuy Raul"; Héctor Miguel Valencia Ortega, alias "MV"; Jorge Mario Valenzuela Vergudo, alias "Choclos" y Guadalupe Fernández Valencia, alias "Don Julio" o "Julia". El documento del caso 09 CR 383, firmado por el juez Rubén Castillo, expone que de 2005 a 2014, en Chicago, los acusados conspiraron con otros para distribuir cocaína y heroína. El caso estaba también relacionado con las acusaciones contra Vicente Zambada Niebla, Felipe Cabrera Sarabia, Germán Olivares, Manuel Fernández Navarro, Edgar Manuel Valencia Ortega y los gemelos Pedro Flores y Margarito Flores. Habría que destacar que "El Chapo" y "El Mayo" Zambada eran ubicados como líderes de la organización criminal. Es decir, no es que el abogado Jeffrey Lichtman descubriera el "hilo negro" para evidenciar las triquiñuelas de los fiscales. Éstos han sabido de esa sociedad y hay una investigación y acusación abierta al respecto contra "El Mayo".

Para darnos una idea de cómo es que las autoridades federales integran estos casos. No es que los fiscales del Distrito Este de Nueva York hicieran el trabajo solos. Hay decenas de agencias investigando, creando reportes y sumando pruebas contra "El

Chapo" sus secuaces, incluyendo a sus hijos. Están las más famosas por liderar las acciones más espectaculares, como la DEA o el FBI, pero también divisiones especiales del Departamento de Seguridad Nacional, incluyendo los agentes especiales (HSI) de la oficina de Inmigración y Control de Aduanas (ICE), la Oficina de Recaudación de Impuestos (IRS); la Oficina de Control de Activos Extranjeros del Departamento del Tesoro; las policías locales de California, Florida, Texas, Arizona, Illinois, Nueva York y otros estados y condados, así como la Interpol.

"Desde la década de 1990, la Federación Mexicana, también conocida como la 'Federación', 'La Federación', el 'Cártel de Sinaloa' y la 'Alianza' ha existido como una organización del crimen organizado fundada en relaciones de largo tiempo entre los principales narcotraficantes de México... La Federación operaba a través de cooperativas arreglos y estrecha coordinación con fuentes de suministro de cocaína sudamericana. A través de una red de policías corruptos y contactos políticos, la Federación dirigió una red a gran escala de transporte de narcóticos que implica el uso de tierra, aire y activos de transporte marítimo. Envían múltiples toneladas de cocaína desde América del Sur, a través de América Central y México y finalmente a los Estados Unidos. Aunque a veces ha habido divisiones y luchas internas entre los líderes de la Federación, históricamente coordinaron sus actividades criminales, compartieron y controlaron las rutas de tráfico de México, resolvieron conflictos sobre territorios y redujeron la violencia entre organizaciones, además de asegurar su protección política y judicial común", señala parte de la imputación de 2009 en el Distrito Este de Nueva

York, donde se menciona a los mismos personajes, incluidos a "El Chapo" y "El Mayo".

Las imputaciones señalaron coordinación para la distribución de grandes cantidades de cocaína y otras drogas y químicos para producir drogas para ser importados de América Central y del Sur, incluidos Colombia, Ecuador, Venezuela, Perú, Panamá, Costa Rica, Honduras y Guatemala, a México. Para lo anterior, utilizaron diversos medios, incluidos aviones de carga, aviones privados, submarinos y otras embarcaciones sumergibles y semisumergibles, portacontenedores, lanchas rápidas, embarcaciones de pesca, autobuses, vagones, remolques de tractores, automóviles y transportistas privados y comerciales interestatales y extranjeros. "Después de que las drogas y los precursores químicos llegaron a México, los conspiradores usaron recursos compartidos para descargar y almacenar las drogas en México", indica la acusación. Esa droga después sería distribuida en varias partes, pero principalmente en EE.UU., se agregó. Las sustancias prohibidas las vendían a sus socios mayoristas en Chicago, Illinois, pero también tenían clientes en Los Ángeles, California; Detroit, Michigan; Cincinnati, Ohio; Filadelfia, Pensilvania; Washington D.C.; Nueva York, Nueva York; Columbus, Ohio; Milwaukee, Wisconsin; Boston, Massachusetts; Canadá y en otros lugares.

Los investigadores ya tenían ubicada la forma en que se lavaba el dinero y cómo se transportaba. "(Era) recolectado de los clientes, contado, empaquetado y transferido y lavado de los Estados Unidos a México, Colombia y otros lugares utilizando múltiples medios, incluido el contrabando de efectivo a granel, depósitos bancarios estructurados, transferencias bancarias, transferencias de divisas, sistemas alternativos basados en el crédito utilizado para transferir dinero sin el uso de cables u otros medios tradicionales, sistemas basados en bienes en los que artículos, incluidos automóviles, helicópteros y aviones, fueron comprados en un lugar y transferidos a otro lugar", relata la acusación. Es decir, no es que las autoridades desconozcan las acciones de "El Mayo" Zambada, pero su persecución a niveles menos espectaculares que contra Guzmán Loera levanta sospechas y alza la pregunta: ¿algún día será detenido?

***

El proceso contra Guzmán Loera era el cuatro de un caso mayor: *USA v. Beltran-Leyva et. al*, seguido en la misma corte desde el 10 julio de 2009, según archivos judiciales. El juez Brian Cogan estaba a cargo, y posterirmente fue remitido a la jueza Roanne L. Mann. Se trataba del caso contra Arturo Beltran-Leyva, acusado de dirigir una organización criminal y tráfico de drogas. El número dos de la lista de acusados era Héctor Beltrán Leyva, acusado de los mismos delitos que su hermano; los mismos jueces estaban a cargo. El tercer caso es el de Ignacio Coronel Villareal, "El Nacho", con acusaciones por tráfico de drogas. El caso de "El Chapo" fue dado por terminado por el juez Cogan el 18 de julio de 2019, un día después de su sentencia.

Fue un gran triunfo para las oficinas de Richard P. Donoghue, fiscal del Distrito Este de Nueva York; Arthur G. Wayatt, jefe de Narcóticos y Drogas Peligrosas de la División Criminal del Departamento de Justicia, y Ariana Fajardo Orshan, fiscal de Distrito Sur de Florida. Andrea Goldbarg, Adam Fels, Gina Parlovecchio, Amanda Liskamm y Anthony Nardozzi, los miembros del equipo que lideraron el caso en la corte estuvieron entre los 367 empleados del sistema judicial honrados con el Premio del Fiscal General de 2019 por el Servicio Excepcional, el premio más alto de esa dependencia por el desempeño de sus trabajadores. El reconocimiento fue entregado por el fiscal general William Barr, aunque el proceso del juicio contra "El Chapo" comenzó con el fiscal general Jeff Sessions[15] y siguió con el interinato del fiscal Matthew Whitaker, quien el 4 de febrero acudió a la corte, el día que iniciaron las deliberaciones del jurado sobre la inocencia o culpabilidad del narco mexicano.

El 12 de febrero, el juez Cogan leyó la decisión del jurado sobre los 10 cargos y las 27 violaciones. A decir de los deliberantes, los fiscales federales no pudieron probar dos agravantes: la distribución internacional de cocaína, por un caso en marzo de 2007 por 19 000 kilogramos, y distribución de marihuana en un caso de enero de 2012 de 409 kilogramos.

El caso de la marihuana se trató en la corte con una petición de Guzmán Loera a su amante Agustina

---

15 El fiscal Jeff Sessions terminó su mandato en medio de intensos pleitos con el presidente Donald Trump, quien lo señaló por no defenderlo adecuadamente en las acusaciones en su contra por la intervención de Rusia en las elecciones de 2016 y permitir el nombramiento del fiscal especial Robert Mueller. El exsenador Sessions –quien al escribirse estas líneas pretendía competir nuevamente por su curul en el Senado– era un fiel colaborador del presidente Trump y estableció en las cortes migratorias los lineamientos para endurecer los procesos de inmigración y asegurar mayores deportaciones.

Cabanillas Acosta, "Fiera", para que contratara a un abogado en California a fin de ayudar a tres hombres. Los hechos fueron presentados con el testimonio del agente de la Patrulla Fronteriza, Juan Aguayo, quien participó en un operativo donde se detuvo en San Diego a tres sujetos que intentaron ingresar marihuana por la playa desde Tijuana. Un día después de comenzar las deliberaciones, el jurado pidió revisar en detalle dicho testimonio parte de sus deliberaciones, indicó el juez Cogan. En su declaración, Aguayo contó que el hecho ocurrió el 15 de enero de 2012 a las 4:40 a.m. cuando él y su compañero arribaron a la frontera y encontraron 36 paquetes de marihuana, algunos de los cuales contenían pequeños envoltorios que indicaban tener "hashish", una droga árabe. Agregó que se detuvo a tres personas, mexicanos indocumentados, identificados como Pedro López Rocha, Javier Alverado Lizarraga Calderón y Rafael Castillo Juárez. En aquel momento, el agente Aguayo –cuyo testimonio fue de alrededor de una hora– no dio detalles del operativo, pero imágenes compartidas por los fiscales muestran una lancha donde presuntamente transportaban la droga, al menos 100 kilos de marihuana, según el documento de las acusaciones que se presentaron en el Distrito Central del Distrito de California, en Los Ángeles. Los sujetos fueron acusados de conspiración criminal, narcotráfico y entrar ilegalmente a los Estados Unidos. Fue lo único sobre lo que fiscales no pudieron convencer al jurado, a pesar del testimonio y las fotografías de la droga, marcadas como la Prueba 211-2.

Esa decisión a favor de Guzmán Loera fue insuficiente para evitar la primera acusación como culpable, porque había 25 violaciones demostradas.

El capo escuchaba atento, escoltado a su izquierda por sus abogados William Purpura, Eduardo Balarezo –quien fue el primero en tomar el caso– y Jeffrey Lichtman, el más teatral de los tres. Detrás del mexicano, quien se sentó en el sillón de los acusados desde el 5 de noviembre, había cuatro agentes federales.

Aquel día, en el rincón de la segunda banca, donde se sentó durante todo el proceso contra su esposo, Emma Coronel recargó su brazo en el descanso derecho, portaba un aparato auditivo que le permitió escuchar la traducción en tiempo real. Estaba seria, luciendo un abrigo verde, similar al amarillo que vistió un día antes. "¿Lograron acuerdo unánime en cada cargo?", preguntó el juez Cogan previo a leer el formulario que debieron llenar los miembros del jurado, quienes asintieron con la cabeza. "Culpable" repitió diez veces el impartidor de justicia; luego preguntó a cada uno de los miembros si el resultado "representaba su decisión"; los 12 neoyorquinos respondieron individualmente: "Sí". La defensa, en voz del abogado Purpura, expresó su satisfacción por el trabajo del jurado.

El juez Cogan destacó la labor del jurado, seleccionado entre más de mil posibles candidatos, a quienes se les aplicó un cuestionario de 120 preguntas sobre narcotráfico y cultura general, incluso sobre la personalidad de Guzmán Loera. "Nunca había visto a un jurado en un caso que pusiera tal atención a los detalles", expresó el juez Cogan. "La forma en que lo hicieron... me hace sentir orgulloso de ser estadounidense".

Las once mujeres y siete hombres (incluidos suplentes) recibieron el agradecimiento por su labor en el anonimato que la Corte Federal del Distrito Este mantendrá en secreto, a menos que ellos –en una decisión personal– determinen hablar ante la prensa sobre el caso. "No lo recomiendo", dijo el juez Cogan, quien señaló que una vez que se abra esa puerta, "ya no podrán cerrarla". Tras pedir al jurado que saliera, el juez indicó el 25 de junio como fecha para dictar la sentencia, pero luego se pospuso al 17 de julio por la publicación de la entrevista a un jurado en el portal *VICE*.

Tras conocer el resultado del juicio, de pie, Guzmán Loera saludaba a su esposa, hacía gestos de abrazos en el pecho, el cual también se golpeaba con el puño a la altura de corazón y asentía con la cabeza, sin perderla de vista. Emma Coronel llegó radiante ese día. Yo me había sentado junto a ella en días anteriores o muy cerca. Platicábamos de sus gustos personales, la mayor parte de la conversación fue *off the record*, una expresión que días antes me pidió que le explicara ante el acoso de los periodistas. "¿Cómo dicen cuando no quieren que se publique algo? Es que con ustedes no puede uno hablar libremente", dijo. "Antes de que hables con un periodista debes decir *off the record*, no después, porque es demasiado tarde", le expliqué. Ella sonrió. A veces parecía una adolescente, pero su imagen de "mujer tonta" estaba lejos de hacerle justicia. Las pláticas con ella me mostraron a una mujer inteligente; consciente de su situación anclada a la fama y destino de su esposo, pero tenía en sus hijas una fortaleza genuina. Ellas son un motor en la vertiginosa vida como la esposa más mediática y, quizá, más famosa de Guzmán Loera.

Aquel 12 de febrero, Emma Coronel preguntó por mí, después de no verme cerca del lugar donde ella se sentaba. Una colega de CNN fue por mí. "Emma pregunta por ti", me dijo. Yo estaba en la tercera fila de la derecha entrando a la sala. Ahí me envió uno de los alguaciles. Fui a saludarla, parecíamos viejos amigos, pero no lo éramos. Nuestra relación de fuente-periodista era cordial y no tenía por qué ser aburrida todo el tiempo; las bromas aflojan a las personas. La hora en que ingresara a la sala el juez Cogan estaba a punto de llegar. Emma me preguntó cómo sería el proceso, cómo dirían si era culpable. Le expliqué que había 10 cargos en su contra y por cada uno debían decir si era culpable o no culpable. "Escucharás las palabras 'guilty' para 'culpable' o 'not guilty', para 'no culpable'", le dije al tiempo que lo escribía en mi libreta. Ella leyó tratando de memorizar. Los alguaciles nos pidieron ocupar nuestros lugares. Al lado Emma y de mí había una periodista de Univision, quien contó esa anécdota como suya en televisión nacional. Eso llegó a México. Al siguiente día en un reporte de W Radio el conductor Risco me comentó la anécdota que había escuchado. Me sorprendió que lo dijera y conté lo que había ocurrido. Como periodistas es importante dejar claro que las fuentes pueden malinterpretar aspectos. En este caso, esa conversación era *off the record*. No culpo a la periodista por tomar la información como suya. Ella estuvo ahí y lo consideró adecuado, como yo consideré conveniente aclarar a mi fuente que yo nunca dije una palabra de lo que platicamos. "Lo sé, no te preocupes", me escribió por correo Emma Coronel cuando le expuse la situación. Ella había visto el reporte de Univision y me dijo que se había sorprendido por aquella revelación, mínima quizá, pero una pieza de sinceridad con la guardia abajo.

Tras conocer el resultado del juicio, Emma Coronel no lloró, no al menos en público. Los asistentes, la mayoría de la prensa, comenzaron a salir a los pocos segundos de que el juez Cogan levantara la sesión. Había reportes y entrevistas que hacer. Yo mismo me apuré en salir y en el pasillo me encontré con Emma, nos miramos un par de segundos. Estaba triste, pero no había llorado, como dijo *The New York Times*, quizá lo hizo en la pequeña habitación que el tribunal asignó a la defensa para tratar cualquier asunto en privado, porque la exreina de belleza se apuró a entrar apenas nos despedimos sin decir palabra. La volví a ver cuando salió del tribunal, rodeada de periodistas, camarógrafos y fotógrafos. Grabé con mi celular su camino hacia la camioneta que la alejaría de la corte, estaba protegida por dos guardaespaldas que el abogado Balarezo le ayudó a contratar y que días antes la habían acompañado en su camino al edificio del tribunal. Se veía agobiada, aquel día había nevado en Nueva York, ella iba con su abrigo negro. Me miró nuevamente en medio de la multitud. Era imposible hacerle preguntas, aunque se escuchaban varias voces vociferado cuestionamientos. ¿Qué sigue? ¿Cómo se siente? ¿A dónde irá? ¿Qué le dirá a sus hijas? ¿Le pareció justo el juicio? Varias de esas preguntas se habían repetido una y otra vez. Ella no respondió. Era evidente que quería alejarse lo antes posible de aquel caos que sabía que llegaría.

***

La sentencia de Guzmán Loera estaba programada para el 25 de junio de 2019, pero el juez Cogan la pospuso para el 17 de julio, debido al escándalo y las dudas que desataron la entrevista a un miembro del jurado por el periodista de *VICE*, Keegan Hamilton. "Inside El Chapo's jury: A juror speaks for first time about convicting the kingpin" ("Dentro del jurado de El Chapo: un jurado habla por primera vez sobre condena del capo"). La acción fue particularmente favorable para la defensa, ya que utilizó la entrevista para solicitar un nuevo juicio de "inmediato", considerando que las reglas en la corte habían sido violadas. Los abogados de Guzmán Loera se referían a la orden que el juez Cogan repetía al jurado al término de cada audiencia: "Recuerden evitar revisar cualquier información sobre este caso en medios de comunicación, internet y redes sociales". Era la primera regla, debido a que la defensa temía que su cliente fuera sentenciado con base en un "juicio mediático". Cumplir esa prohibición parecía más que imposible, debido a la fama de Guzmán Loera, impulsada en gran medida por las propias autoridades, al describirlo como el "más peligroso" y "el más poderoso" criminal. No había reporte oficial o extraoficial en los medios de comunicación que no describieran el alcance de "El Chapo".

Alguna vez alguien me preguntó cuál era mi opinión del juicio. Mi respuesta inmediata fue que parecía estar viendo una serie de televisión. La narrativa de los fiscales expuso una línea de tiempo que cumple con las reglas de un arco dramático: inicio, clímax, conclusión. Los miembros del jurado incluso creían que era una especie de show televisivo y que ellos "debían tener un reality", según el integrante entrevistado por Hamilton, a quien le confesó lo inconfesable: "¿Sabes que nos dijeron que no podíamos revisar medios durante el juicio? Bueno, lo hicimos", expresó. El estrés que vivieron fue descrito en pocas palabras, incluso reconocieron sentir pena por Guzmán Loera y su vida en prisión, la cual sería de por vida en la SuperMax de Florence. "Mucha gente estuvo teniendo dificultades para pensar en él ya que está en confinamiento solitario, porque, bueno, tú sabes, todos somos humanos, la gente comete errores, etcétera", expresó. Agregó que sus compañeros platicaron sobre cómo sería vivir en soledad en una celda de por vida. "Ellos no se hubieran sentido cómodos hallándolo culpable", dijo. Como bien dice, todos somos humanos y todos cometemos errores, pero bajo la ley, todos debemos enfrentar las consecuencias de esas acciones.

En marzo, los abogados de Guzmán Loera pidieron al juez Cogan que se anulara el dictamen contra su cliente y se realizara un nuevo juicio, para ello solicitaron una audiencia, citando que al menos cinco miembros del jurado desobedecieron las órdenes el magistrado de leer, buscar información en internet, redes sociales y medios de comunicación sobre el caso. La petición quedó asentada en un documento de 26 páginas emitido por el nuevo abogado del narcotraficante, Marc Fernich[16] y Jeffrey Lichtman. La

---

16 El 25 de febrero de 2019, el equipo de defensa de Guzmán Loera integró al abogado Marc Fernich para liderar la estrategia a fin de solicitar ante la Corte Federal de Brooklyn un nuevo juicio. "Me uní al equipo para dirigir la petición del Sr. Guzmán para un nuevo juicio, basado en informes recientes de mala conducta del jurado", confirmó Fernich a pregunta expresa de este periodista para *El Diario*. El documento 576 fue emitido ante la Corte sobre la admisión del para ser parte de la defensa del mexicano. Cabe recordar que Fernich, al igual que Lichtman, defendieron al capo John A. "Junior" Gotti, acusado de crimen organizado y a quien lograron liberar.

justificación de la moción se sustentó en la entrevista que un miembro del jurado dio a *VICE*.

"En un caso que generó información en los medios 'sin paralelo', un miembro del jurado se contactó con un medio un día después del veredicto", indica en sus conclusiones la moción. "Los miembros del panel (jurado) violaron su juramento y despreciaron las incesantes instrucciones de la Corte al seguir y discutir activamente la ventisca de la cobertura de los medios, y falsamente negándolo en una investigación judicial, durante los tres meses de juicio". Los defensores señalan que la revelación de que Guzmán Loera presuntamente compró a menores de hasta 13 años para drogarlas y tener sexo con ellas pudo influir seriamente en el jurado al momento de deliberar. "En las circunstancias que se presentan, la exposición del jurado a una avalancha de información extraña, presuntamente perjudicial — incluyendo alegatos inadmisibles de que el acusado drogó y violó a niñas de 13 años— exige y audiencia probatoria", apuntaron los defensores.

El equipo de abogados buscó determinar:

- La naturaleza y alcance de la información a la que el jurado estuvo expuesto al revisar medios de comunicación y redes sociales.
- El hipotético y probable efecto de la información en el jurado.
- Si los miembros del jurado dijeron mentiras a la Corte que podría derivar en una descalificación o anulación del juicio.
- Si la conducta del jurado viola los derechos de la Quinta y Sexta enmiendas que obligan a un debido proceso y juicio justo e imparcial contra el acusado.

La defensa consideraba que el jurado pudo estar influenciado por "chismes" que perjudicaron a "El Chapo", pero lo relevante es que citó una decisión de un Tribunal sobre el derecho a una audiencia posterior a un juicio terminado sobre faltas y conductas del jurado. "Como el Segundo Circuito reafirmó el verano pasado (2018), alguna forma de exploración es 'obligatoria'... donde existen 'motivos razonables para investigar", en este caso indagar sobre la conducta del jurado y su influencia para encontrar culpable a Guzmán Loera. "Confiamos en la calidad de la moción y en la capacidad del juez Cogan para manejar la situación de manera adecuada", expresó en entrevista Fernich. "Esperamos con interés leer la respuesta de los fiscales y esperamos que acepten que es necesario realizar una investigación".

El periodista Hamilton sabía del conflicto que se había causado. Como reportero hizo su trabajo al buscar una fuente única que le proporcionara información clave sobre el juicio, pero abogados con los que he platicado al respecto consideran que la acción raya en un problema ético, debido a que se impacta un proceso y queda a las partes –fiscales y defensores— exponer los puntos a favor y en contra. Para ahondar al respecto quise entrevistar al periodista, pero resultó curioso que su medio haya impulsado que él cuestionara la labor de un jurado que debía ser imparcial, pero no permitiera a Hamilton hablar –alegando conflictos legales (sic)— sobre cómo es que consiguió esa información y si eran conscientes del impacto que ocasionarían.

La queja sobre el jurado no era la primera que los defensores de "El Chapo" exponían al juez. Durante el juicio, los abogados Eduardo Balarezo y Jeffrey

Lichtman acusaron una posible influencia del jurado sobre información publicada en medios de comunicación, no expuesta por fiscales en la Corte, por lo que no podía ser utilizada para tomar una decisión negativa hacia su cliente.

Antes de continuar, me gustaría hacer referencia al libro *Trials of the Century* (*Juicios del siglo*), escrito por Mark Phillips y Aryn Phillips, que aborda cómo las cortes en los Estados Unidos han sido influenciadas –se quiera o no– por los medios de comunicación, debido a lo atractivo que resultan los juicios públicos, similares a las peleas entre gladiadores en el Coliseo romano. Conforme los medios de comunicación y otras formas de difundir información han evolucionado, la sociedad –elemento clave en un juicio– se ha visto influenciada por lo que ve, lee y escucha. Su juicio, indican los autores, es intrínseco a esos elementos de la sociedad moderna. En el libro recién citado se recopilan 11 de los procesos más sonados del siglo XX establecen que cada juicio termina siendo "un teatro con la sala del juicio como escenario, los participantes como actores y los fascinados estadounidenses como audiencia". En el caso de Guzmán Loera la audiencia era mundial. Ninguna obra de Broadway habría soñado tener semejante proyección. Decenas de periodistas de varias partes del mundo acudieron a la corte, una treintena prácticamente a diario. En su libro, los Phillips recuerdan que la Constitución protege la libertad de prensa, la cual –por su naturaleza– se vuelve un elemento esencial en los juicios modernos. "Sin una curiosa libertad de prensa, las cortes no pueden operar con justicia y de manera imparcial. Así, la prensa pública es esencial en mantener la rama judicial abierta y honesta. Los

Padres (de la Patria) experimentaron con cortes sin la autocrítica del gobierno y entendieron que la democracia no prosperaría en la aspiradora de la sociedad sin una prensa libre". En la introducción de su libro, los autores, sin embargo, consideran que la prensa sin restricciones, sólo para vender, puede afectar los procesos judiciales. "Una prensa sin restricciones puede amenazar y engatusar a investigadores, influenciar el comportamiento en la corte y las tácticas de abogados y jueces, y asustar al jurado. Sin restricciones, la prensa puede inflamar una comunidad cuyo ambiente se vuelve tóxico, inhabitable para un juicio justo". La prensa que cubrió el juicio de Guzmán Loera estuvo lejos de esa descripción, ya que había decenas de documentos a los que era imposible tener acceso, salvo por las demandas presentadas por medios tan grandes como *The New York Times* y *VICE News*. ¿Debe un periodista vetar información que tiene adelantada a presentarse en la corte? La evaluación debe ser seria, más allá de los millones de clics que generará en internet o las miles de copias que venderá una impresión. El público tiene derecho a saber, pero también los fiscales y defensa a realizar su trabajo en un ambiente lo menos tóxico posible. Como periodista, sería muy poca la información que consideraría no publicar, a menos que haya un tema de seguridad nacional confirmado con las autoridades o que la vida de una persona corra peligro al publicarse detalles de un caso en particular. Todos los periodistas tenemos nuestros propios límites, algunos ni siquiera los tienen, como lo platiqué con Édgar Monroy sobre aquellos "colegas" de la "crónicas de la fantasía", quienes escriben historias imposibles de corroborar.

La libertad de prensa es fundamental, pero la ética periodística es imperante para defenderla.

Los juicios en EE.UU. y la perspectiva pública de los mismos cambió drásticamente a finales del siglo XX, como reconocen en su libro los Phillips, quienes citan un caso en 2008, el de Casey Anthony y cómo la internet y la inmediatez de la información generaron un "juicio paralelo" al que se llevó a cabo en la corte.

"Durante un siglo, poco ha cambiado en el apetito de los estadounidenses por el sensacionalismo, y la disponibilidad de los medios para proporcionarlo. Pero el explosivo crecimiento de la tecnología, literalmente, y el ocio han resultado en una gran capacidad de proveer información a un nivel de saturación que solamente algunos editores de principios del siglo XX pudieron predecir", indican los autores en el epílogo de su libro. Casey fue acusada por el homicidio de su hijo de dos años, luego de que su madre reportara la desaparición de su hija y sus nietos en Florida. Los medios como *The New York Times* y la revista *Time*, reportaron que la mayoría de los asistentes al juicio estuvieron convencidos de que ella era culpable, pero fue hallada inocente, acusada solamente de mentir a las autoridades. Los Phillips señalan algo importante: el periodismo no es un tribunal. Los periodistas exponen hechos con bases investigaciones muchas veces mejor elaboradas que los propios investigadores y fiscales, pero el debido proceso debe mantenerse lo más intacto posible. En el caso de Guzmán Loera, por ejemplo, el asunto fue "más sencillo", si así se quiere, debido al historial criminal del narcotraficante, pero no queda exento de levantar sospechas de que su caso formó parte de una lista del Departamento de Justicia y agencias como la DEA, el HSI, FBI, entre otras, de mantener su cuota en alta estima de investigación, persecución y sentencia.

Hubo tres momentos clave sobre cómo las publicaciones en medios de comunicación representaron "un problema" para la defensa, aunque desde mi punto de vista, sirvieron como excusa para un nuevo proceso. La sagacidad de los periodistas –y sus abogados— que consiguieron esa información es innegable. El tercero fue la entrevista al miembro del jurado.

El primer asunto fue el escándalo amoroso del abogado Jeffrey Lichtman. El lunes 14 de enero de 2019, los periodistas que esperábamos el inicio del juicio comentamos el escándalo amoroso del abogado Jeffrey Lichtman con Sarma Melngailis,[17] conocida restaurantera neoyorquina vegana, publicado por la periodista Dana Schuster en *The New York Post* el sábado anterior. Apenas se sentó en su banca, el juez Cogan tuvo que atender el tema, debido a que la falta cometida por el defensor de Guzmán Loera podía derivar en la suspensión de su licencia como abogado, ya que además del conflicto cliente-abogado, se reveló que Lichtman compartió mensajes sobre "El Chapo" con Melngailis a propósito de la idea de llevar mujeres a cárcel en 2017, época en se preparaba la defensa para el juicio que comenzó el 5 de noviembre de 2018. El problema no fue el amorío, sino la información que el abogado había compartido con su amante. El reporte del *Post* citó un mensaje de texto

---

17 En 2017, Jeffrey Licthman representaba a Sarma Melngailis, fue arrestada en mayo de 2016, acusada de robar casi dos millones de su restaurante en Gramercy Park, Pure Food and Wine. Lichtman tomó el caso en febrero de 2017 y logró que su clienta llegara a un acuerdo para cumplir sólo cuatro meses de cárcel.

del 16 de marzo de 2017, donde Lichtman pregunta a su amante si sería malo contratar "a una bailarina del vientre para que visite a diario al Chapo… no tiene mujeres bonitas que lo visiten. Me siento mal", bromeó. El juez Cogan tuvo que hablar con el jurado, cuestionarle si había leído esa historia. "¿De qué historia habla, señor juez?", afirmó el Cogan que fue la respuesta unánime de los 18 miembros del jurado (6 de los cuales eran suplentes inmediatos). "Usted nos dijo que no leyéramos nada", habrían agregado. El juez dio por zanjado el tema y la defensa de "El Chapo" ya no quiso hablar al respecto, tras una reunión en privado con sus compañeros. Este no fue un error de la prensa. Fue un error del abogado.

El segundo momento más complicado para Guzmán Loera y sus abogados fue una información que el tribunal tenía sellada, pero fue revelada tras una batalla legal, debido a una orden judicial. Se trato de una parte de un testimonio identificado como CW1. Las declaraciones a fiscales federales fueron explosivas, al señalar que "El Chapo" tuvo relaciones sexuales con menores de edad, por las que pagaba $5000 (no especifica si pesos o dólares) y a quienes drogaba, en contubernio con al menos uno de los testigos cooperantes. "(El testigo) CW1 ha indicado que un asociado del acusado conocido como 'Commadre Maria' (sic) enviaría regularmente fotografías de niñas de tan solo trece años al acusado", revela el documento. "Por aproximadamente $5000, el acusado o uno de sus asociados podrían pedir que la niña de su elección fuera llevada a uno de los ranchos del acusado para tener relaciones sexuales". El cooperante que reveló la información reconoció que utilizó ese servicio en tres o cuatro ocasiones, además de presenciar que "el acusado hizo lo mismo en múltiples ocasiones, con niñas de tan solo trece años". Esa información, según los registros judiciales fue revelada por otro cooperante por separado, indica el documento en una nota al pie de la página. Los fiscales excluyeron esa información del juicio, por lo que el jurado no conocía esos hechos y no podía tomar una decisión sobre éstos, ya que no fueron presentados como prueba. "Actividades sexuales con parejas menores de edad", indica un apartado del archivo originalmente sellado el 9 de octubre de 2018. "El gobierno busca excluir el interrogatorio sobre las actividades sexuales de un testigo colaborador con menores. Específicamente, CW1 vivió con el acusado aproximadamente entre 2007 y 2008", señalaron los fiscales en sus alegatos para excluir el dato. La razón fue que el cooperante sólo era requerido para hablar de "actividades de narcotráfico y delitos relacionados, como conspiraciones de asesinato, que realizó mientras trabajaba con el acusado aproximadamente entre 2007 y 2014", apunta el reporte judicial. Los fiscales consideraron que los hechos sexuales descritos por el CW1 –identificado como Alex Cifuentes– perjudicarían a su cooperante, es decir, habría "un perjuicio injusto y la confusión de los problemas", aunque las revelaciones del testigo perfilan que Guzmán Loera calificaba de "vitaminas" a las jóvenes, especialmente a las de menor edad, "porque creía que la actividad sexual con las niñas le daba 'vida'". Los fiscales citaron varios casos contra otros criminales para justificar el retiro de esa parte del testimonio. En este caso se consideraba que la actividad sexual o amorosa, incluso de esposo, era innecesaria para el proceso contra Guzmán Loera, de quien se mencionaron algunas amantes, debido a cartas, mensajes y audios que revelan contubernio sobre tráfico de drogas. Ese mismo día que la prensa tuvo acceso al documento, Eduardo Balarezo, abogado de Guzmán Loera, criticó la decisión del Gobierno de liberar la información y afirmó que su cliente niega los hechos. "Joaquín niega las acusaciones, que no fueron corroboradas, y se consideraron demasiado perjudiciales y poco fiables para ser admitidas en el juicio", afirmó Balarezo en un comunicado y calificó de desafortunado que la información fuera dada a conocer justamente antes de la decisión del jurado. "No haremos más comentarios". La presentación de las pruebas contra Guzmán Loera terminó el 31 de enero de 2019, los documentos se dieron a conocer el 2 de febrero y las deliberaciones del jurado iniciaron el 4 de febrero cuando, a petición de la defensa, el juez Cogan tuvo que indagar si algún miembro del jurado leyó la información. La prensa no tuvo acceso directo a cómo se manejó el tema, pero el juez Cogan, la defensa y los fiscales federales decidieron cuestionar a los miembros del jurado. El procedimiento se dio en dos partes: el juez preguntó a todos los miembros en general sobre la información (no precisó las preguntas y qué tan detalladas fueron) y luego separó a dos integrantes que dijeron haber leído o escuchado algo, además de una integrante adicional que había leído un texto relacionado con las deliberaciones. "No tengo evidencia de que el jurado haya sido afectado sobre el asunto", indicó el juez Cogan. "No puedo estar más confiado en que siguieron mis instrucciones", señaló. Tras ello, Cogan y la ayudante de la Fiscalía, Gina Parlovecchio y el abogado de Guzmán Loera, Jeffrey Lichtman se reunieron con los miembros que tuvieron contacto con información externa a la corte. El juez no actualizó el reporte. El tema quedó resuelto –al menos hasta ese momento— y lo siguiente fueron las instrucciones al jurado sobre cómo hacer las deliberaciones.

En todos los casos, el juez Cogan tuvo que entrevistar al jurado y permitir que los abogados los cuestionaran. Todo eso fue tras bambalinas. Después concluyó que los miembros del jurado habían dicho la verdad sobre haber leído historias ajenas a las pruebas presentadas en la Corte. ¿Realmente fue así? Una revelación periodística señala que no. ¿Es justo que no se contemplara la regla para aprobar un nuevo juicio? Esa decisión deberá ser tomada por un panel de expertos del Segundo Circuito, donde la defensa presentaría su apelación, la cual fue enviada en septiembre, contó la abogada Mariel Colón.

***

El juicio de Guzmán Loera fue todo un espectáculo: se llevaron armas, droga; se reprodujeron videos y audios; hubo fotografías de los miembros del Cártel y del acusado; se detallaron las excentricidades del narcotraficante, como su pistola marcada con sus iniciales y cubierta de diamantes; hubo momentos tiernos con la presencia de las gemelas Emaly y María Joaquina; la intriga amorosa estuvo a la orden del día con la presencia constante de Emma Coronel y las revelaciones sobre las amantes, incluido el testimonio de la "Chapodiputada" y su respuesta sobre la relación con Guzmán Loera: "Pensé que era una relación de pareja... estoy perdida"; las traiciones de exsocios y compadres demostraron que llegó el momento del "sálvense quien pueda"; los fiscales se regodearon con la "avalancha de pruebas" que presentaron y los abogados defensores usaron chistes, anécdotas y la insidia para denostar aquella avalancha. Llegaron los días en que tendrían la "última palabra" sobre el caso, a favor y en contra. Las conclusiones de ambas partes fueron memorables, un recuento del juicio y cuestionamientos sobre el "debido proceso" y quién debía ser realmente juzgado, en este caso Ismael "El Mayo" Zambada.

La ayudante del Fiscal, Andrea Goldbarg, fue la responsable de "acorralar" a Guzmán Loera, lejos de las montañas donde se escondía en Sinaloa ni de túneles por dónde escapar. Durante más de seis horas, Goldbarg recordó la avalancha de pruebas que ella y sus compañeros presentaron en el juicio iniciado el 5 de noviembre de 2018. "En las montañas de Sinaloa..." fue la frase con la que inició los alegatos. Parecía el inicio de un cuento para niños, pero el final no pudo ser más devastador para describir de cuerpo entero al acusado: "Dos hombres apenas respiraban... levantó su rifle (ante uno), lo insultó y le disparó... con el segundo hizo lo mismo", recordando la narración de "Memín" sobre cómo Guzmán Loera mató a dos "zetas" a sangre fría. "Señoras y señores, hemos presentado una avalancha de evidencias", agregó Goldbarg para introducir los cargos sobre los que el jurado debía deliberar. La acusadora insistió en las pruebas que 56 testigos, 14 de ellos cooperantes –13 directos en la corte— ayudaron a exponer, "más allá de la duda razonable", las cuales describió con detalle. Fue un viaje desde el ascenso de Guzmán Loera en los años noventa hasta su extradición a los Estados Unidos en 2017, pasando por arrestos y huidas. Aunque son 10 cargos, el primero incluye violaciones a diversas leyes de los Estados Unidos que podrían considerarse delitos por sí mismos. "Agradecemos en nombre del Gobierno el tiempo dedicado a esta caso... y (quiero) pedirles que declaren culpable al acusado", dijo Goldbarg antes de enumerar los delitos: (1) liderar un grupo criminal con el que pudo cometer 27 violaciones y delitos, como conspiración de homicidios y distribución de drogas; (2) conspirar para enviar drogas de Colombia y Ecuador a los Estados Unidos; (3) importar droga a los EE.UU.; (4) distribuir cocaína y otras drogas en EE.UU.; (5 al 8) diversos crímenes relacionados con las drogas, incluidos conspiración de homicidios; (9) uso de armas y (10) lavado de dinero. "El Chapo" escuchaba atento, aunque por momentos escribía en su libreta y hacía comentarios a su abogado Eduardo Balarezo quien se sentó a su izquierda, mientras su otro defensor, Jeffrey Lichtman cambiaba de posición en su silla, parecía impaciente, quizá porque él sería quien daría el mensaje final a favor de su cliente; William Purpura no volvió después del descanso para el lunch, pero algunos reporteros indicaron que los defensores se mostraron conflictuados, sobre todo después de que el juez Cogan informara que una mujer del jurado había pedido aclarar si Guzmán Loera estaba pagando a su equipo de abogados. ¿Con qué dinero? Era una pregunta constante en la Corte entre reporteros y asistentes casuales. Ese asunto, sin embargo, quedó zanjado –sin mayor explicación— tras una reunión con la mujer, pero la tensión en la mesa de la defensa pareció quedarse. Para probrar que los fiscales federales habían "demostrado más allá de la duda razonable" los delitos cometidos por el acusado. Goldbarg se remontó a los años noventa, cuando "El Chapo" era miembro de una organización mayor liderada por Amado Carrillo Fuentes, pero luego se dividió en grupos que pretendían proteger sus negocios de drogas, hasta que sus pleitos internos terminaron por dividirlos. Especialmente contra los Beltrán Leyva con quienes Guzmán Loera inició una guerra a la que su principal socio, Ismael "Mayo" Zambada, tuvo que sumarse, a fin de proteger los intereses de ambos. El caso de Guzmán Loera, como he comentado, es el cuarto de este proceso. La ayudante del Fiscal hizo referencia a los testimonios de Jesús "El Rey" Zambada; Vicente Zambada, alias "Vicentillo"; los colombianos Jorge y Alex Cifuentes; los excolaboradores de Guzmán Loera, como Miguel Ángel Martínez y Pedro Flores; el experto en redes de telefonía por internet Christian Rodríguez, y de la examante Lucero Guadalupe Sánchez López, la "Chapodiputada". La ayudante del Fiscal mostró nuevamente videos del tráfico de drogas en latas de chiles, torturas de enemigos en las montañas, audios de Guzmán Loera negociando tráfico de droga y sobornando a la Policía. ara destacar el valor de los testimonios y pruebas técnicas de agentes de la DEA, el FBI y el experto en documentos, John Paul Osborn, quien analizó las cartas enviadas a Dámaso López Núñez y a la "Chapodiputada". Aquí habrá de recordarse lo que el exfiscal Richman explicó sobre los procesos: ninguna prueba por separado es suficientemente fuerte. Goldbarg también reconoció que durante el juicio, la defensa cuestionó que los cooperantes hablaran contra quien fue su socio, amigo o compadre. "Todos tienen acuerdos con el Gobierno... pero ellos fueron criminales, eso no les ayudará...

pero sus respuestas tienen sentido con la evidencia presentada", dijo al indicar que se firmaron acuerdos con 12 cooperantes para que un juez revise sus casos y, quizá, reduzca sus sentencias, además de proteger a sus familias en Estados Unidos. La ayudante del Fiscal se tomó su tiempo para describir las 27 violaciones y delitos del primer cargo, exponer cómo se demostraron; la forma en que estructuró su discurso tomó sentido cuando abordó las otras acusaciones, todas ligadas a la primera. El círculo perfecto. La fiscal cuestionó que el mexicano escapara de prisiones mexicanas; se acercaba al cierre de su explicación de por qué debía ser hallado culpable. "El detenido siempre tiene un plan... el motivo para escapar es porque sabía que era culpable". Deslizó la idea de que ya no tiene escapatoria, pero pidió ayuda al jurado: "Declárenlo culpable de todos los cargos". El 30 de enero de 2019, los fiscales de EE.UU. daban por terminada la demostración de que Guzmán Loera era un criminal sin escape alguno. No quedó tiempo para que la defensa enviara su mensaje final.

Llegó la oportunidad para Jeffrey Lichtman de defender a su cliente. ¿Quién es? Es abogado penal con 28 años de experiencia en tribunales federales y estatales de Nueva York, aunque según su perfil también ha llevado juicios en Alabama, California, Illinois, Pensilvania, Massachusetts, Nueva Jersey, Florida, Georgia, Virginia, Carolina del Sur y Carolina del Norte. Es un experto perfecto para el caso de Guzmán Loera, ya que sus clientes incluyen a todo tipo de personajes, con una gran experiencia en violaciones a la ley RICO —sobre delincuencia organizada—, delitos de narcóticos, lavado de dinero, fraude de valores, fraude a la atención médica, evasión fiscal, conspiración de asesinato y asesinato. "Muchos de sus casos y clientes son conocidos internacionalmente y se han destacado en los medios de comunicación", presume su firma. Es aquí donde entra la dicotomía sobre el reclamo de que un juicio tenga demasiado presencia en los medios, cuando los abogados mismos buscan esa fama. Conocer el perfil de Lichtman es importante, porque sus clientes también hablan mucho de sus propios intereses y de su extravagante personalidad. Es de aquellas personas que responden a quien quieren y como quieren. Sabe cómo controlar la narrativa de sus casos frente a la prensa. Responde con tecnicismos, pero también lanza cuestionamientos a sus contrapartes y obvia las preguntas que supongan algún laberinto. Así ocurrió acerca de un cuestionamiento que hice en una conferencia de prensa frente a la Corte sobre los señalamientos contra Emma Coronel, de cómo podría ser implicada en algún delito según las pruebas y el testimonio de "El Licenciado". El abogado me miró con desdén un par de segundos. Mis colegas reporteros tenían otras preguntas. Él tomó una sobre la apelación. "Pronto", dijo. "Se pedirá otro juicio".

Entre los clientes de Lichtman se incluye a Thomas Rachko, un detective retirado de la policía de Nueva York acusado de robar a traficantes de drogas, quien fue sentenciado en 2006. Aunque el caso más famoso reciente fue el de John A. Gotti, el hijo del jefe de la mafia neoyorquina, a quien Lichtman y Fernich lograron sacar de prisión. La firma del defensor de "El Chapo" destaca que el trabajo del abogado fue reseñado en los medios como "una actuación asombrosa". Los reporteros presentes en la corte coincidíamos en que la manera como la oficina de Lichtman presentaba la actuación de éste en el tribunal era "tremendamente entretenida". Lo cierto es que nos parecía que Lichtman aparentaba cumplir más de un compromiso y que sus argumentos como defensa no eran muy sólidos. Se debe anotar que Lichtman no tuvo mucho tiempo de prepararse para el juicio, y añadir a lo anterior sus conflictos con Balarezo, el primer abogado en hacerse cargo del caso de Guzmán Loera. Algo queda claro: la relación entre "El Chapo" y Lichtman es cordial, a pesar de que el primero no habla inglés y el segundo no habla español, aunado a que Emma Coronel se sintió más protegida por Lichtman que por Balarezo, según una fuente del equipo de defensa. Un elemento que destaca del abogado es que algunos de sus principales casos se ganaron en apelaciones, por ello habrá que estar atentos a cómo pelea junto a Fernich por Guzmán Loera. Lichtman hace sus propias investigaciones y presenta información adicional que, por ejemplo, en septiembre de 2010, le permitió liberar a un cliente que había sido condenado y sentenciado a 27 años de prisión por múltiples cargos de agresión sexual a cuatro presuntas víctimas. Lo hizo en la División de Apelaciones de Nueva Jersey, obligando al tribunal de primera instancia a otorgar una audiencia sobre "la posible ineficacia de los abogados del juicio". La condena fue suspendida y su cliente liberado.

La descripción de la personalidad de Lichtman se demostró en la sala del juicio a Guzmán Loera. No decepcionó. Su defensa fue entretenida, aunque –con todo respeto— algo dramática y sobre actuada al intentar expresar dolor. En medio de chistes y burlas hacia los cooperantes que testificaron contra su cliente, el abogado dejó entrever que la Fiscalía tenía motivaciones sospechosas para juzgar al mexicano, lo que desató una dura respuesta de autoridades federales. Aquel jueves 31 de enero de 2019, el abogado Lichtman no quiso dejar "títere sin cabeza" a la hora de hacer bromas y burlarse de los testigos que presentó la Fiscalía para construir el caso contra "El Chapo". El defensor trató de sembrar dudas sobre las pruebas en contra de su cliente. "¡Se cambió las orejas! ¡Las orejas!", gritó un par de veces el abogado frente al jurado para burlarse de Juan Carlos Ramírez "La Chupeta", quien se sometió a varias cirugías plásticas para modificar su apariencia y evitar ser perseguido por narcotráfico. "¿Cómo pueden confiar en alguien así?", lanzó. Cuestionó la credibilidad de los 14 cooperantes. Lichtman habló de Pedro Flores, el exsocio en Chicago, de quien dijo que gracias a su acuerdo con la Fiscalía "puede tener sexo con su esposa, mientras "El Chapo" no puede ver a sus hijas" y afirmó que el cooperante y su mujer disfrutarán las regalías por el libro *Cartel Wives*. "Explotando al señor Guzmán", lanzó, como si las experiencias de la pareja fueran ajenas a ellos. El defensor también fue justo al señalar que varios de los cooperantes ni siquiera pisarían la cárcel o lo harían brevemente. ¿Las autoridades pueden encubrir un delito para sentenciar a un "pez más gordo"? ¿Dónde deja eso la ética en la persecución de criminales? ¿Existe una forma diferente de hacerlo? Fueron preguntas que me surgieron al escuchar a Licthman. "¡Mal chico, no cometas un delito de nuevo!", bromeó el defensor sobre el castigo que tendrá Jorge Cifuentes tras el acuerdo que logró para hablar contra su exsocio en el envío de droga de Ecuador y Colombia hacia México y Estados Unidos, a pesar de supuestamente mentir al negar que los fiscales le dieron permiso para llamar a su hermano Alex y sumarlo al equipo de cooperantes. "¡Escucha a esta basura!", se burló Lichtman, quien para entonces ya había sumado insultos como "escoria" para referirse a los testigos de los fiscales –quiso reafirmar–, "no eran míos". Aquí pregunta nuevamente: ¿Se deja ir un "mal menor" por perseguir uno "mayor"? Los Cifuentes fueron dos de los objetivos del discurso del abogado, quien sólo utilizó fotografías en mano para apoyarse en su discurso. Para él, los hermanos Jorge y Alex mintieron; especialmente el segundo, de quien recordó cuando lo cuestionó si había engañado a su familia, a sus colaboradores, a las autoridades, a su exsocio "El Chapo"; a todo respondió que sí, menos al último. "Es patético", criticó. Agregó que los colombianos "mintieron una y otra vez". El defensor insistió en que quienes hablaron contra Guzmán Loera tendrían un beneficio, visas para ellos y sus familias y la libertad, asumiendo que todos saldrán de prisión en pocos años, algo que ha empezado a ser cierto para algunos, como "El Rey" Zambada y la "Chapodiputada", quienes no están bajo custodia de la Oficina de Prisiones y se desconoce su paradero, aunque se presume que forman parte del programa de testigos protegidos del Gobierno estadounidense. Lichtman cuestionó al Gobierno y sus métodos para lograr la sentencia del mexicano. "Gente que miente está en esta sala", afirmó al jurado y advirtió. "Ustedes son más listos que ellos". En un momento se dirigió a su cliente y tocándole el hombro dijo: "Es un ser humano… tiene sentimientos". Guzmán Loera sacó pecho mientras escuchaba a través de la traductora; estaba relajado, a diferencia de Eduardo Balarezo, otro de los defensores, quien parecía tenso, frotándose las manos y el rostro, colocando los codos sobre el escritorio, una y otra vez. Recordemos que la relación entre Lichtman y Balarezo no era mala, sino pésima. Fuentes del equipo de defensa lo confirmaron, al grado que ni Lichtman ni Emma Coronel acudieron a una fiesta organizada por Balarezo para "celebrar" el fin del juicio. Otro de los abogados, William Purpura, estaba a la izquierda de "El Chapo" y se mantenía ocupado en la computadora. Emma Coronel escuchaba atenta, pero se le vio cansada, recargando el brazo en la banca y con la mano izquierda en la cabeza. Lichtman se esforzó en sembrar más dudas al jurado, en sembrar una especie de bosque en el que su cliente pudiera huir de una posible condena. En ese camino, el abogado se ganó varias veces la objeción de los fiscales, como cuando mencionó una conspiración de Ismael "Mayo" Zambada con el Gobierno mexicano y de los Estados Unidos para perseguir a Guzmán Loera. "No hay ninguna evidencia de que el Gobierno esté liderando una operación (de ese tipo)", precisó el juez Brian Cogan al jurado, desatando la molestia del abogado, quien repitió en varias ocasiones que "Mayo" Zambada era el verdadero líder del Cártel de Sinaloa. "Paga sobornos a la Policía y políticos… es buscado, pero no lo pueden detener". Llegó un momento en el que a Lichtman se le acabaron los recursos, aunque los cambios de tonos de su voz le dieron un soporte especial a su discurso, distrayendo a la audiencia, no con fondo, sino siendo "entretenido"; presentó pocas pruebas –aunque no era su labor hacerlo– e hizo muchas preguntas, pero aun así afirmó que había "una duda razonable" contra su cliente. Al cierre de sus alegatos bajó la voz, casi susurró para implorar: "Les ruego mirar a su corazón... encuentren la duda... no la dejen ir... no dejen ir lo que crean... es su decisión, pueden hacerlo, decir no, no, no es culpable". Esa plegaria contrastó con la imagen de una tarjeta que proyectó de cómo salir de la cárcel en el juego *"Monopoly"* con la que quiso reforzar que los 14 cooperantes del Gobierno la usarían para salir de prisión. En su cierre de alegatos, Lichtman jugó con su tono de voz, las pantomimas a la hora de caminar, pero sobre sobre todo con un discurso que cuestiona al Poder Judicial de los Estados Unidos. "Este juicio no se trata de justicia, no estamos aquí para hacer justicia", susurró a los miembros del jurado. "Este juicio es sobre una cosa, una cosa solamente, capturar al Chapo. Capturar al Chapo. Olvida lo que es justo, olvida la justicia, olvida la ley, olvida las obligaciones éticas. Nada de eso importa, solo capturar al Chapo. Si dejas que se salgan con la suya, cuando venga por ti con este tipo de basura, cuando venga por ti o tus seres queridos, no te quejes".

El discurso de Licthman preocupó a los fiscales, quienes tuvieron que responder a los cuestionamientos sobre mentiras de los cooperantes con tal de salvarse a sí mismos. También debían hacer a un lado la constante referencia a "El Mayo" Zambada, el principal socio de Guzmán Loera y actualmente reconocido como el líder del Cártel de Sinaloa, por quien la DEA ofrece cinco millones de dólares, pero a quien parece no perseguir como a otros líderes del narco, como Nemesio Oseguera Cervantes, alias "El Mencho". "¿Zambada está en juicio? ¿Los hermanos Cifuentes? No, el señor Guzmán está en juicio", refutó la ayudante del Fiscal, Amanda Liskamm sobre las afirmaciones de Lichtman, las cuales calificó como

distractores, afirmando que la Fiscalía sí consideraba criminales a los cooperantes, pero defendió sus
acuerdos con ellos sin mayores explicaciones. "Es
una distracción de la evidencia presentada", dijo tras
defender los meses en que se escucharon a 56 testigos
del Gobierno contra uno de la defensa. "En orden de
creerle a la defensa… deberán creer que es el hombre
con la peor suerte en el mundo", indicó Lichtman al
señalar que los testigos –muchos de ellos sin conocerse entre sí– hablaran en su contra. "El acusado es
culpable… el único culpable", asestó. Lichtman no
quiso escuchar más. Se ensimismó en su celular. No
había nada que agregar en aquel momento. El juez
Cogan respaldó a los fiscales, ya que al darles instrucciones sobre las deliberaciones no podían tomar en
cuenta a otras personas que no estuvieran en juicio.
"(Hay) una instrucción más amplia sobre 'otras personas que no están en juicio' para abordar el argumento
del procesamiento selectivo presentado por el abogado defensor", dijo en referencia a las afirmaciones de
Lichtman sobre "Mayo" Zambada. En un documento adicional, los fiscales quisieron que el juez Cogan
fuera incisivo con las instrucciones. Los comentarios
de Lichtman, varios de ellos en broma, les parecieron
que podrían ser una verdadera influencia entre el jurado, amenazas al momento de tomar una decisión.
"Primero, el Tribunal debe dar una instrucción de que
el Gobierno no está en juicio y que el jurado debería
considerar las pruebas y no los argumentos infun-
dados e incendiarios de los abogados defensores",
indica el documento entregado por fiscales al juez.
Destaca que "a lo largo de sus alegatos, el abogado
defensor atacó los motivos del Gobierno y el enjuiciamiento del acusado", al considerar que el proceso era

"deshonesto", debido a que los testigos cooperantes cometieron "perjurio" con el único objetivo de ayudar a la Fiscalía de procesar al acusado a cualquier costo. "El abogado defensor también afirmó que este tipo de comportamiento no es lo que este país representa y que el jurado debe temerle al Gobierno, ya que el gobierno puede algún día 'venir por usted o sus seres queridos', por lo que no debe permitir que el gobierno se salga con la suya", se quejó la Fiscalía. "(Los fiscales) tienen testigos que les mienten, cooperantes. Sin embargo, nunca se van a levantar frente a usted y decirle que sus testigos están mintiendo bajo juramento durante este juicio", indica otra de las citas de Lichtman cuestionada por los fiscales.

¿La estrategia de la defensa de Guzmán Loera fue la mejor o la más inteligente? Cuando le pregunté a uno de los abogados, quien no me permitió colocar su nombre, si creía que la defensa había sido lo suficientemente buena como ayudar a "El Chapo", me miró e hizo una mueca de decepción. "¿Qué se puede hacer?", preguntó. Fue sorprendente su respuesta siendo el experto.

Cuestionado sobre la estrategia de la defensa, sobre si fue correcta o lo suficientemente sagaz, el exfiscal Daniel Richman fue contundente: los abogados tomaron sus riesgos, porque a todas luces era un caso difícil de ganar, es decir, no había mucho qué perder con tantos aspectos en contra. "No conozco los hechos, pero diría que la defensa no tenía que probar nada claramente. Su trabajo fue hacer un desastre con las pruebas y hacer que el jurado no creyera las evidencias contra su cliente", expuso. Los abogados Lichtman, Balarezo y Purpura lo intentaron, pero el jurado no lo consideró suficiente, dada su decisión.

Cuando entrevisté al exfiscal Richman puse sobre la mesa lo que parecían errores de la defensa:

El soborno a Peña Nieto.- El 15 de enero de 2019, el abogado Lichtman lanzó una bomba informativa en la Corte de Brooklyn. Supuestamente, para dejar de ser perseguido, "El Chapo" habría pagado cien millones de dólares al recién electo presidente Enrique Peña Nieto en octubre de 2012. El abogado preguntó a Alex Cifuentes si recordaba que dijo a fiscales federales que una tal "Comadre María" entregó el dinero en la Ciudad de México. El testigo indicó que ahí había "una confusión" sobre sus declaraciones. El abogado primero dijo que fueron sólo $250 dólares y Alex Cifuentes le hizo ver su error, igual que el juez Brian Cogan, quien rectificó que quizá se refería a doscientos cincuenta millones de dólares. Jeffrey se disculpó y pidió detalles sobre cómo se pidió el dinero. Cifuentes narró una historia que Guzmán Loera le había contado. Es decir, era algo de "oídas". Afirmó que "El Señor" contó que Peña Nieto "había pedido un dinero" a él y a Ismael "Mayo" Zambada, pero que "se ofreció otra cantidad". El presidente electo habría enviado un mensaje a "El Chapo" para decirle que "ya no tenía que esconderse" y para ello tenía que recibir el dinero. Jeffrey quiso hacer un nexo entre el supuesto soborno con la elección presidencial, al preguntarle a Alex si sabía que el proceso electoral era en noviembre. "Creo", dijo Cifuentes. ¿Cómo era posible que el principal abogado de Guzmán Loera no investigara cuándo son las elecciones en México a fin de intentar probar su teoría? Los sufragios son en julio, no en noviembre, como ocurre en EE.UU. El dinero, infería Jeffrey, sería ocupado para el proceso electoral, pero hay un pequeño detalle: ¡Peña Nieto ya había sido electo entonces! El abogado también se confundió al momento de relatar quién entregó el dinero, si "Comadre María" u otra persona. Al intentar explicar la entrega del dinero, Jeffrey preguntó a Alex si recordaba las fotografías con maletas llenas de dinero que supuestamente fueron entregadas por Andrea Velez Fernández a J.J. Rendón (Juan José Rendón Delgado), quien fue consultor político venezolano de Peña Nieto durante la campaña. "Ella enseñó fotos de maletas llenas de dinero en efectivo", afirmó Alex. "Pero no en el avión de J.J. Rendón". "¿Está seguro?", atajó Jeffrey. "Sí, señor". El abogado pidió saber dónde estaban las maletas. "No sé bien, pero en la Ciudad de México". Jeffrey recordó las reuniones que Alex Cifuentes tuvo con los fiscales federales, en 2016, 2017 y 2018, en una de las cuales se habló particularmente del monto del dinero. "Es correcto", dijo el testigo. "¿Sabe que el soborno es un escándalo?", lanzó Jeffrey. "¡Objeción!", gritó uno de los fiscales. El defensor hizo mofa de que Alex olvidara los detalles del dinero. Al siguiente día de ese cuestionamiento, el juez Cogan reprendió a Jeffrey, quien había estado prometiendo pruebas de sobornos a un altísimo nivel en el Gobierno federal, pero en su mayor intento se equivocó en montos, fechas y propósitos. "Dijo que mostraría pruebas de que se corrompió a presidentes mexicanos", reprendió el juez Cogan a Lichtman, quien lucía sorprendido por los cuestionamientos, para él las declaraciones de Alex Cifuentes parecían suficiente prueba. El juez utilizó esas afirmaciones para advertir a Lichtman sobre las pruebas que prometió, ya que Alex tenía información que "El Chapo" le había proporcionado. "Ésa no es una prueba", afirmó el juez para luego cuestionar a la defensa de Guzmán Loera si había terminado con ese intento de "demostrar" sobornos. El abogado Lichtman tuvo que decir que sí. En una entrevista con Univision, el abogado Balarezo acusó a Lichtman de desconocer el caso de Guzmán Loera, lo que derivó en errores. "Uno de los abogados entró tarde al caso. No estaba completamente empapado de toda la información. No tenía todo el conocimiento del caso para poder seguir haciendo el argumento cuando abrió y cuando cerró, entonces eso nos perjudicó", expuso Balarezo, quien ya sumaba horas y horas de reunirse con Guzmán Loera.

La persecución de "El Mayo" Zambada.- Los abogados Lichtman y Balarezo repitieron en varias ocasiones que quien debería estar en juicio era el socio de Guzmán Loera, como una forma de desestimar los cargos en contra de su cliente. El mejor momento fue cuando Balarezo cuestionó a Vicente Zambada, "Vicentillo", de lo extraño que resultaba que los socios de su padre —y hasta familiares— estuvieran detenidos o hubieran muerto, mientras él seguía vivo y escondido, aunque libre. Los defensores hicieron a un lado que si bien Zambada es perseguido por la DEA –y por quien hay una recompensa de cinco millones de dólares— su detención no conmuta los delitos por los que Guzmán Loera es acusado. Son socios, no entes intercambiables. En la misma entrevista referida a Univision, Balarezo reconoció que esta teoría de perseguir a un líder del cártel y no a otro terminó afectando el caso de "El Chapo". "Si 'El Mayo' Zambada era el jefe de Sinaloa y Joaquín era un mandadero de él, no importa porque están conspirando de todos modos. Eso no era una defensa, pero ese cambio nos perjudicó a nosotros y perjudicó mucho a Joaquín", dijo Balarezo, quien fue despedido del equipo de defensa.

Las acusaciones contra Emma Coronel.- En los cuestionamientos a testigos, especialmente los cooperantes, los abogados defensores se enfocaron en los delitos que cometieron y cómo intentaron salvarse colaborando con autoridades, pero en algunos casos fueron demasiados lejos. El más preocupante fue cuando Dámaso López Nuñez, el "Lic", fue cuestionado sobre cómo ayudó escapar a Guzmán Loera, pero el abogado Balarezo no pudo detener el momento en que el testigo implicó a Emma Coronel en esa conspiración que terminó con la huida el 11 de julio de 2015. El personaje de Coronel se había mantenido "intacto" en la Corte. Era utilizada por la defensa como la imagen "más amable" de Guzmán Loera y había sido expuesta como una criminal más. Tras las declaraciones de "El Lic" cuestioné al abogado Lichtman en la misma sala. Se veía decepcionado por el curso que había tomado el cuestionamiento al compadre de Guzmán Loera. ¿Prevén que las autoridades investiguen ahora a Coronel? "No tenemos información", me dijo escuetamente. El 6 de abril, la periodista Isabel Vincent publicó en exclusiva en *The New York Post* que las autoridades federales investigaban a la esposa de Guzmán Loera por su implicación en la huída en 2015. "Está siendo investigada por conspiración en este país", dijo una fuente federal. "La están observando por su participación en la fuga de El Chapo". En entrevistas posteriores, Mariel Colón, abogada de Emma Coronel –y eventualmente su amiga—, me contó que no tenía reportes de investigaciones contra su clienta, pero que ella "no tenía nada que temer". El error había sido cometido.

Aunque yo los considero errores sustanciales de la defensa en el proceso, el exfiscal Richman expresa que un caso como éste tiene demasiadas complicaciones y los resultados pueden ser incontenibles, especialmente para la defensa. "Ellos tomaron una decisión táctica y nunca puedes saber qué puede funcionar o qué no. No podría afirmar que lo que hicieron es incorrecto, porque no tengo los hechos, pero deben trabajar con lo único que tienen", expresó. "Los abogados defensores, cuando el gobierno tiene un caso tan fuerte, toman riesgos. Algunas veces los riesgos son absurdos, algunas veces son listos. A veces incluso cuando tomas una decisión lista puede irte mal", expresó. En otras palabras, la defensa jugó un juego de azar.

***

Llegó el día de la sentencia. Guzmán Loera hablaría por primera vez, luego de que días antes desistiera testificar, a pesar de la insistencia del juez Cogan sobre si "estaba consciente" de su decisión. "Sí", dijo el mexicano. Sus abogados le sugirieron no hacerlo, habría sido una "bomba informativa" todo lo que pudiera decir. Era un arma de doble filo que podía dejar poco margen de maniobra para la apelación. Los defensores podían cuestionar a Guzmán Loera sobre cómo pagó al Gobierno mexicano por protección y de cómo las autoridades estadounidenses pudieron manipular a cooperantes; los fiscales pudieron haber ahondado en distintas acciones, como sus huidas, compra de droga, tortura, asesinatos, lavado de dinero y un largo etcétera. La conexión entre los documentos, fotografías, audios y testimonios podría haber sido redonda, mucho más allá de la "duda razonable".

Fue el 17 de julio. No fue la primera vez que se escuchó la voz de "El Chapo" en la corte de Brooklyn, pero fue la única en la que habló por más tiempo, casi 15 minutos. "Desde aquí aprovecho para decir que aquí no hubo justicia", acusó. Se atrevió a criticar al juez Cogan por no atender las quejas de la defensa sobre las violaciones que miembros del jurado hicieron a las reglas de evitar revisar información en redes sociales y medios de comunicación. "Mi caso quedó manchado y usted me negó un juicio justo… donde todo mundo está viendo", señaló al afirmar que si este proceso tan mediático fue injusto qué podría esperarse de otros. "Entonces se le puede negar a cualquier persona". Sus palabras recordaban a las de su abogado Lichtman. Durante todo el juicio, Guzmán Loera iba impecablemente vestido y ese día no fue la excepción con su traje gris, camisa color lila, corbata azul y luciendo un crecido bigote pintado de negro. El líder del Cártel de Sinaloa criticó al sistema judicial estadounidense, considerado uno de los mejores del mundo y donde se ha sentenciado a decenas de narcotraficantes latinoamericanos, varios de ellos mexicanos. "Estados Unidos no es diferente ni mejor que cualquier otro país corrupto a los que ustedes no respetan. Gracias, señor juez", expresó al final de su mensaje, el cual comenzó con agradecimientos a su esposa, Emma Coronel –a quien saludó con una señal militar en la frente y le envió un beso con la mano–;

a sus hijas, a su madre Consuelo Loera, a sus hermanos, a sus hijos.

"El Chapo" acusó tortura en la prisión de Manhattan. No es que lo golpearan, pero las condiciones de la cárcel no eran las que quizá esperaba. "Las condiciones de confinamiento de 30 meses han sido una tortura. Me he visto obligado a beber agua no higiénica. No se me ha permitido a respirar aire del exterior. El aire que llega es por un conducto que cuando llega a mi celda es seco", afirmó. "Me duele mi garganta, mis oídos. Para poder dormir debo tapar mis oídos con papel higiénico, ya que el sistema hace ruido y me ha afectado". Los comentarios de "El Chapo" siguieron la línea de las peticiones que su abogada Mariel Colón emitió al juez el 9 de mayo para permitirle a su cliente dos horas a la semana al aire libre, según se adelantó a este periodista en exclusiva en aquel momento. "Estoy escribiendo en nombre del acusado Joaquín Guzmán Loera para solicitar respetuosamente que la Corte ordene a la Oficina de Prisiones ("BOP", en inglés) que permita al Sr. Guzmán tener al menos dos horas de recreación al aire libre a la semana", indica el documento firmado por la abogada Colón. La petición especifica tener también "acceso a la comisaría de población general, la posibilidad de comprar seis botellas de agua cada semana y acceso a un conjunto de tapones para los oídos", a fin de ayudar a "aliviar el dolor de oído y su capacidad para dormir". Todo estaba asentado en un documento de 11 páginas –que ingresó con el número 614 del caso.

Guzmán Loera también se quejó de que no se permita a su esposa visitarlo. "Ha sido una tortura emocional y mental", afirmó. "Han sido las condiciones más inhumanas que he pasado en mi vida. Ha sido una falta de respeto a mi dignidad humana".

A pesar de sus críticas, Guzmán Loera agradeció a los custodios de la prisión en el Bajo Manhattan por el trato que le dieron, para sobrellevar sus condiciones de encierro, que lo obligan a estar 23 horas en la celda y una hora de ejercicio en un cuarto con televisión.

Sus críticas al sistema judicial continuaron. "Cuando fue mi extradición a los Estados Unidos esperaba un juicio justo… ciego… donde mi fama y mi reputación no fueran un pretexto y lo que pasó fue lo opuesto", acusó. "Aunque usted dio instrucciones al jurado de no consultar medios… esas acusaciones dañaron mi oportunidad de ser tratado con justicia".

Los fiscales no se quedarían callados ante el mensaje. Fue la ayudante del Fiscal, Gina Parlovechio, quien respondió, criticando las expresiones de Guzmán Loera y señaló que los crímenes de los que se le acusan son más grandes que la tortura que alegó. "El sistema de justicia es excepcional", indicó. "Hoy se trata de este acusado y sus 30 años de crímenes. Merece cadena perpetua y 30 años de cárcel". Guzmán Loera escuchaba. Ya no había oportunidad de decir algo más.

***

El día de la sentencia de Guzmán Loera hubo una marcada ausencia, la del abogado Eduardo Balarezo, quien fue despedido en junio sin que se precisaran los motivos. Se insistió en entrevistas con él, pero declinó en varias ocasiones. Para Balarezo, el principal error de su cliente fue contratar a Jeffrey Lichtman y permitir que fuera quien liderara la defensa. Fuentes del equipo de abogados indicaron a este periodista que ambos abogados apenas se hablaban entre sí, lo que pudo complicar su coordinación, pero Guzmán Loera confiaba en Lichtman. Ese 17 de julio, a la mesa de la defensa se sumó Marc Fernich, quien será clave en la apelación.

"El Chapo" lució perfectamente afeitado durante todo el juicio, pero el día de la sentencia ya portaba su conocido bigote. Escuchó la sentencia en tres partes explicada por el juez Cogan: la cadena perpetua es por los cargos del 1 al 8, donde se integran delitos por el tráfico de drogas, conspiración de homicidios y liderar una organización criminal; los 30 años adicionales son por el cargo 9, sobre el uso de armas, además de anexarse 240 meses (20 años) por el cargo 10 sobre conspiración de lavado de dinero. Ese castigo correrá a la par que la sentencia de por vida.

Para evitar "doble castigo", el juez Cogan aceptó la petición de los fiscales de reservarse los cargos 2, 3 y 4, que son sobre conspiración de distribución de narcóticos, ya que también se contemplan en el primer cargo, aunque se colocó una cláusula que indica que si el acusado gana su apelación, entonces esos cargos serán retomados.

Aquel día, el abogado Lichtman retomó parte de su discurso de cierre del juicio, además de los alegatos para solicitar un nuevo proceso para su cliente. "No estamos satisfechos con la justicia ni con el debido proceso", expresó tras recordar al juez Cogan que al menos cinco miembros del jurado violaron las reglas que ordenaban evitar consultar información en medios o internet.

La ayudante del Fiscal, Gina Parlovechio, se levantó a responder. Fue contundente. Apabullante como las pruebas que ella y sus compañeros presentaron contra el mexicano. Recalcó que los crímenes de Guzmán Loera fueron "más grandes" que los tratos que acusa. Luego presentó a Andrea Vélez como una de las víctimas de "El Chapo", quien parecía más preocupado en lograr la mirada de su esposa Emma Coronel que escuchar a la colombiana que lo acusó de "mandarla asesinar".

La sentencia, explicó el juez, se estimó con base en que Guzmán Loera es culpable de tres indicativos del llamado Estatuto de Empresa Criminal Continua (CCE, en inglés), que se enfoca en los traficantes de drogas a gran escala. "La sentencia mínima obligatoria es la cadena perpetua", señalaron en un documento emitido a la Corte los fiscales Donoghue y Ariana Fajardo Orshan, del Distrito Sur de Florida, y Arthur Wyatt, Jefe de la Sección de Estupefacientes y Drogas Peligrosas de la División Criminal Departamento de Justicia de los Estados Unidos. "Debido a que el jurado condenó al acusado por el uso ilegal de un arma de fuego en relación con el narcotráfico y encontró que el delito involucró a una ametralladora, la sentencia mínima obligatoria del acusado con respecto al Cargo Nueve es de 30 años, que debe ejecutarse de manera consecutiva".

Aunque los cargos señalan montos mínimos de droga producida y distribuida, los fiscales justificaron la sentencia al considerar que Guzmán Loera fue responsable de la importación o intento de importación a los Estados Unidos de al menos 1 213 100 kilogramos

de cocaína; 1440 kilogramos de cocaína base; 222 kilogramos de heroína; 49 800 kilogramos de marihuana
y cantidades indeterminadas de metanfetamina.

Antes de señalar la sentencia, el juez Cogan
describió las acciones de Guzmán Loera como "ma-
léficas", era la primera vez que usaba un calificativo
hacia el mexicano. "A pesar de que pueda ser buen
padre y tenga otros atributos... su maldad es severa.
La decisión del jurado fue obvia", defendió. Más allá
de la duda razonable.

***

El Departamento de Justicia había logrado uno
de sus mayores éxitos en años. El "juicio del siglo"
había sido contundente y las autoridades se encar-
garon de presumirlo de la mejor forma posible con
una descripción sobre los distintos delitos cometidos
por Guzmán Loera integrados en los 10 cargos. Los
cargos mínimos que aparecieron en las acusaciones
desaparecieron para volver a las grandes cantidades de droga traficada a los EE.UU. "La evidencia
en el juicio, incluido el testimonio de 14 testigos que
cooperaron; incautaciones de estupefacientes por
un total de más de 130 000 kilogramos de cocaína y
heroína; armas, incluidos los AK-7 y un lanzagranadas propulsado por cohetes; libros de contabilidad;
mensajes de texto; videos; fotografías y grabaciones
interceptadas, detallaron la actividad del narcotráfico de Guzmán Loera y sus coconspiradores durante
un período de 25 años desde enero de 1989 hasta
diciembre de 2014", informó pronto el Gobierno estadounidense, cerciorándose de recordar a la opinión

pública que los testigos "mencionaron repetidamente a Guzmán Loera" como uno de los líderes del Cartel de Sinaloa. Las autoridades no destacaron diez, sino cinco acciones criminales integradas a las acusaciones por las que lo sentenciaron.

Organización criminal.- Guzmán Loera supervisó el contrabando de narcóticos a distribuidores mayoristas en Nueva York, Miami, Atlanta, Chicago, Arizona, Los Ángeles y otros lugares, indicó la autoridad parafraseando las acusaciones hechas desde años antes. "Los miles de millones de dólares ilícitos generados por la venta de drogas en los Estados Unidos fueron transportados clandestinamente de regreso a México", recordó. El Gobierno de EE.UU. también reclamó como un triunfo suyo el haber castigo a Guzmán Loera por utilizar a sicarios que "llevaron a cabo cientos de actos de violencia en México para imponer el control de los territorios de Sinaloa", a fin de eliminar cualquier amenaza para el Cártel de Sinaloa.

El tráfico de drogas.- No algunos kilogramos, sino "decenas de miles" indicó la autoridad que Guzmán Loera transportó desde América Central y del Sur para su distribución en los Estados Unidos utilizando varios métodos, como submarinos, aviones de fibra de carbono, trenes con compartimientos secretos y túneles subterráneos transnacionales. "Múltiples testigos declararon sobre incautaciones por parte de agentes de la ley de cantidades masivas de cocaína, heroína y marihuana vinculadas al Cartel de Sinaloa", indicó sobre la cooperación de los exsocios del líder del cártel. El Departamento de Justicia presumió que a "El Chapo" se le atribuye una de las mayores incautaciones de drogas con destino a los EE. UU. que involucró más de siete toneladas de cocaína ocultas en latas de jalapeño. Esa cifra queda opacada con las cantidades de droga que actualmente pueden moverse hacia este país. Por ejemplo, un mes antes de la sentencia de Guzmán Loera fueron halladas 17.5 toneladas de cocaína con valor estimado en $1100 millones de dólares en Filadelfia. El operativo del 17 de junio fue realizado por varias agencias, liderado por el Departamento de Aduanas y Protección Fronteriza (CBP) y elementos especiales de Inmigración y Control de Aduanas (HSI, por sus siglas en inglés), quienes hallaron los contenedores de embarque a bordo del MSC Gayane, reportaron las autoridades. Fue considerado el cargamento más grande en 230 años. El abogado Jeffrey Lichtman tenía razón cuando su cliente fue sentenciado: su encierro no asegura que la droga dejará de llegar a EE.UU.

Red de comunicaciones.- Las autoridades reconocieron lo avezado que es el crimen organizado con la tecnología, ya que recordaron que Guzmán Loera utilizó una sofisticada red de comunicaciones encriptadas para operar su red mundial de narcotráfico. El Departamento de Justicia afirmó que Guzmán Loera le pagó un millón de dólares a Christian Rodríguez para comprar y establecer una red que le permitiera al acusado comunicarse por Internet con sus socios en Colombia, Ecuador, Canadá y Estados Unidos sin temor a ser interceptado por la Policía o sus rivales.

Violencia del cártel.- Guzmán Loera no fue perseguido por homicidios, sino por conspirar para cometerlos, por lo que el Departamento de Justicia destacó que el éxito del Cártel de Sinaloa se basó –y se basa– en el uso de la violencia para mantener su poder en toda la región y en los territorios externos. "Numerosos conspiradores testificaron que Guzmán Loera ordenó a sus sicarios que secuestraran, interrogaran, torturaran y dispararan a miembros de organizaciones rivales de drogas, a veces llevando a cabo actos de violencia", destacó el reporte publicado el mismo día en que el mexicano fue hallado culpable. Igualmente se recordó que "Memín", un exasesino a sueldo testificó que Guzmán Loera golpeó a dos hombres con una rama de árbol hasta que sus cuerpos "fueron dejados completamente como muñecas de trapo", luego les disparó a sangre fría y ordenó que fueran arrojados a una hoguera. El exsicario, quien también fue asistente personal de "El Chapo", dijo que su exjefe interrogó a un miembro de un grupo rival, le disparó y ordenó que lo enterraran vivo. "En una llamada interceptada, el jurado escuchó a Guzmán Loera ordenar a uno de sus sicarios que secuestrara a miembros rivales del Cartel, pero que no los matara sin antes consultarlo con él", precisó el reporte.

El Gobierno se refería a una conversación con Orso Iván Gastélum Ávila, alias "El Cholo Iván", la mano derecha de Guzmán Loera durante muchos años. La conversación donde hablan de "seleccionar" a quién matar ocurrió a las 2:18 a.m. del 9 de abril de 2011. La transcripción quedó asentada como la prueba 601I-2BT. A continuación parte de la conversación.

Cholo: ¿Bueno? (pausa) ¿Bue—?

JGL: ¿Y los de ahora—y los de ahora qué policía son?

— Los de ahora son de los Neza [PH], ahí pasaron unas cheyenonas empecharadas amigos de Negro y no avisan pues. Ahí se metieron ahora de bravos y llegué y les pegué una buena rematada a todos, los hijos de la chingada.

—…

—Después ya me di cuenta, ya despúes me di cuenta que el bato es el que les está dando la mano con un jale por ahí con el compa Ligio [PH], pos ya debe haber salido [UI] yo iba pa' [UI].

—Oye, pero si esa gente va uniformada. No creo que no mire que va un policía, hombre.

—No, no, van de negro. Los hijos de la chingada encapuchados en carros civiles.

—JGL: Por eso.

—Está cabrón. It's fucked up.

—Al plat—al platicar con ellos, te das cuenta que son policías. Mejor esos no lo cacheteen mejor.

—No, no, este, pos, ¿por qué no piden permiso pa' entrar aquí es que ya saben dónde—cómo hablarle a uno? Él—él tiene el número de mi carnal y todo el pedo, el bato cabrón. ¿Por qué no se reporta?

—Sí, mejor no, mejor no, pa' no salir mal con ellos. Diles que—que ahí estás a la orden—

—No, pos, me echaron un guacherio a la verga. Me echaron estatales, federales, municipales, hasta de tránsito me echaron los hijos de su pinche madre. Y ahorita me corrí pa' dentro…

—Bueno, Cholo, pos ahí—así llévatela calmada, este, la gente, así como la traes, tranquilita. Que paran a alguien y no le echen de la madre, ni nada. Así con respeto se lleva bien.

—¿Pa' qué le voy a echar mentiras? Ahí se portan mal, pos nos portamos mal. Si se portan bien, pos nos portamos bien.

—Y este, cualquier persona— [IA] ya que la tengas amarrada y eso, checamos pa' no fusilar gente inocente.

—Sí, Señor, pero [UI] pos, hay gente muy acelerada aquí también que pos según les vale verga, pues. Y va a estar cabrón—

Armas.- Las autoridades destacaron que el grupo criminal que lideró "El Chapo" tenía acceso ilimitado a las armas, incluso un testigo de la Policía mostró al jurado más de 40 AK-47 que fueron incautadas en El Paso, Texas, antes de que pudieran ser entregadas a Guzmán Loera en México, recordó el Gobierno. "Los testigos identificaron fotografías de varias armas, incluidas granadas y un lanzagranadas propulsado por cohetes utilizado por el Cartel de Sinaloa. El arsenal personal de Guzmán Loera incluía un AK-47 chapado en oro y tres pistolas calibre .38 con incrustaciones de diamantes, una con sus iniciales, JGL". Lo que las autoridades estadounidenses olvidaron mencionar la prohibición a la defensa de hablar del programa "Rápido y Furioso" (*Fast and Furious*), implementado por la Oficina del Fiscal Federal de Arizona y la Oficina de Alcohol, Tabaco, Armas de Fuego y Explosivos (ATF), para dejar pasar armas y poder rastrearlas, a fin de determinar cómo eran utilizadas por el crimen organizado. Las autoridades dejaron pasar más de 2000 armas, pero solamente recuperaron 700. Las demás se "perdieron". Se desató un escándalo que tocó principalmente a la administración de Barack Obama en 2010, cuando el Congreso pidió respuestas que nunca se dieron. No se sabe si el Gobierno mexicano realmente aprobó ese plan o se trató de un programa invasivo de EE.UU. El actual presidente Andrés Manuel López Obrador pidió al presidente Donald Trump información al respecto, a fin de entender cómo se dio ese programa y el verdadero alcance, toda vez que a Guzmán Loera se le encontró una de las armas que pertenecían a ese programa. A través del secretario de Relaciones Exteriores (SRE), el Gobierno mexicano obtuvo en julio del 2020 varios documentos de la Administración Trump pero no se ha revelado su contenido.

Corrupción.- El Gobierno estadounidense también presumió de que el juicio de Guzmán Loera demostró que para promover los intereses del Cártel de Sinaloa, "El Chapo" y su organización aprovecharon una vasta red de funcionarios corruptos del Gobierno. Recordemos que la defensa se limitó a cuestionar a los coopernates que recibieron sobornos, entre ellos se encontraban personas reconocidas como Genaro García Luna, quien actualmente enfrenta proceso en la misma corte. "Estos funcionarios iban desde agentes de la ley locales, guardias de la prisión, funcionarios estatales, miembros de alto rango de las fuerzas armadas y políticos", reconoció el Departamento de Justicia. ¿Entonces por qué impedir a la defensa hablar al respecto en el juicio? Sobre todo porque los fiscales reconocieron que esos sobornos a funcionarios corruptos ayudaron a Guzmán Loera y su organización, incluso a evitar que fuera detenido.

El Departamento de Justicia no lo menciona, pero el ascenso de Guzmán Loera a finales de los años ochenta sobrevivió a varios presidente mexicanos, empezando por Carlos Salinas de Gortari (1988-1994) y Ernesto Zedillo (1994-2000), y logró su mayor fuerza con las administraciones del Partido Acción Nacional, es decir, en el Gobierno de Vicente Fox (2000-2006) y Felipe Calderón (2006-2012), hasta su decadencia y persecución a finales de la Administración de Enrique Peña Nieto (2012-2018).

Guzmán Loera y sus secuaces también sobrevivieron a varios gobiernos en EE.UU., el de George H.W. Bush (1989-1993); Bill Clinton (1993-2001); George W. Bush (2001-2009) y Barack Obama (2009-2017). La droga que el Cártel de Sinaloa enviaba a Chicago y otros estados mencionados no corría sin que las autoridades pudieran saberlo. ¿Es posible que traficantes como Pedro y Margarito "Junior" Flores pudieran burlar fácilmente el poder de agencias como la DEA o el FBI? Resulta curioso que, en el juicio, las autoridades estadounidenses solamente culpen a las mexicanas de un problema compartido. Un imperio, como cualquier negocio, no se construye sin un mercado y la responsabilidad de sus consumidores, así como el poco cuidado de las autoridades. ¿Por qué convenía que Guzmán Loera creciera al nivel que creció?

***

Después de un año y dos meses de haber sido sentenciado y de estar encerrado en la SuperMax de Florence, Colorado, la defensa de Guzmán Loera presentó una apelación de sentencia. El equipo reconoció a este periodista que era complicado integrar toda la información, debido al tamaño del caso, pero el abogado Fernich estaba liderando los esfuerzos para ello, en coordinación con Jeffrey Lichtman, a quien pregunté en una entrevista si el caso Genaro García Luna, exsecretario de Seguridad Pública durante el sexenio del presidente mexicano Felipe Calderón, ayudaría al proceso de su cliente. "Debemos esperar", dijo titubeante, como si algo esperaran de ese proceso.

El equipo de Guzmán Loera tardó en apelar el caso debido a los miles de documentos a integrar y, de hecho, el 4 de septiembre del 2020 presentó solamente un resumen del archivo para no perder la fecha límite. No es objetivo de este libro hablar de las opciones legales de Guzmán Loera en la Corte de Apelaciones del Segundo Distrito, pero es necesario apuntar algunos elementos clave que ya se han mencionado: el caso de "El Chapo" forma parte de una serie de causas sobre la Organización de los Beltrán Leyva (BLO, en inglés), que incluye a los hermanos Arturo y Héctor, así como a Ignacio Coronel y a Jesús "El Rey" Zambada, quien ya tiene acuerdos con autoridades federales. También es parte Ismael "El Mayo" Zambada, aunque el único apelante es "El Chapo".

Los reclamos del abogado Fernich se centran en 10 puntos:

1. El juez Brian Cogan negó la petición de Guzmán Loera sobre violaciones a su extradición.

2. Guzmán Loera y su equipo de abogados no tuvieron acceso a información supuestamente confidencial, así como a los testimonios de testigos y restricciones en el intercambio de documentos en la corte, que representan un "castigo" sin que haya un juicio de por medio, violando las enmiendas Quinta y Sexta de la Constitución sobre la preparación de la defensa del mexicano.

3. El tribunal aceptó el uso de material gráfico excesivamente violento para una acusación de conspiración de asesinato.

4. El Gobierno buscó e interceptó ilegalmente conversaciones en el extranjero que inculpan a Guzmán Loera, violando la Cuarta Enmienda.

5. El Gobierno habría violado la Cuarta Enmienda con la intercepción de mensajes de texto inculpatorios contra "El Chapo". Se acusa que cortes como la de Manhattan no tienen poder para avalar la búsqueda de esos archivos en el resto del país.

6. La corte abusó de su discreción para prohibir a Guzmán Loera contra-examinar a los testigos antes del jucio.

7. Aunque no hacen referencia a un abogado en particular, la defensa afirma que la condena de Guzmán Loera debería revertirse o

modificar, debido a que su "abogado principal" tuvo un conflicto de intereses.

8. El tribunal excluyó el prejuicio de la defensa del Gobierno en contra de Guzmán Loera, violando las Quinta y Sexta enmiendas.

9. El juez Brian Cogan rechazó investigar la conducta indebida de jurados, revelada por una entrevista periodística. Un miembro del grupo dijo que al menos cinco de sus compañeros habían leído información del caso en medios y redes sociales. La apelación acusa que eso "descalificaba" a los jurados, ya que tenían prohibido revisar cualquier publicación del caso.

10. La solicitud a la Corte de Apelaciones es que el juez de Distrito de otra corte investigue información que indique la implicación del gobierno en "comunicaciones inadecuadas" que afectaron a "El Chapo".

Un caso en el Circuito de Apelaciones puede tardar entre seis meses y un año en ser respondido y/o resuelto, aunque la pandemia de coronavirus ha retrasado los procesos desde marzo de 2020. Es decir, Guzmán Loera podría tener una respuesta a mediados o finales de 2021.

***

El 10 de diciembre de 2019, García Luna fue detenido en Dallas, Texas, y ese mismo día la Corte de Distrito Este de Nueva York dio a conocer acusaciones en su contra por tres cargos de conspiración de

tráfico de cocaína y un cargo por declaraciones falsas
en la aplicación de su proceso migratorio para obtener la Residencia Permanente. El Tribunal indicó que
los hechos contra el exfuncionario ocurrieron entre
2006 y 2012, aunque también señala actos entre 2001 y
2005, cuando Vicente Fox fue mandatario. "A cambio
de sobornos multimillonarios, el acusado supuestamente permitió que el Cártel de Sinaloa operara con
impunidad en México", acusan los fiscales. "García
Luna fue arrestado ayer por agentes federales en
Dallas, Texas, y el gobierno buscará su traslado al
Distrito Este de Nueva York para enfrentar estos cargos", se agregó en un documento judicial. El nombre
del exfuncionario fue mencionado por Jesús "El Rey"
Zambada durante el juicio a "El Chapo", al afirmar
que recibió millones de dólares por proteger al narcotraficante y a sus socios. El fiscal Richard Donoghue
–quien procesó a Guzmán Loera– informó las acusaciones contra el exfuncionario de Calderón. "García
Luna está acusado de aceptar millones de dólares
en sobornos del "El Chapo" Guzmán Loera, líder
del cártel de Sinaloa mientras controlaba la Policía
Federal de México y era responsable de garantizar la
seguridad pública en México", declaró el fiscal. "El
arresto de hoy demuestra nuestra determinación de
llevar ante la justicia a quienes ayudan a los carteles
a infligir daños devastadores en los Estados Unidos
y México". Las autoridades afirman que, en dos ocasiones, la organización liderada por Guzmán Loera
entregó "personalmente" sobornos a García Luna en
maletines que contenían entre tres y cinco millones
de dólares. Se agregó que hay registros financieros
obtenidos por el gobierno que confirman que cuando
García Luna se mudó a los Estados Unidos en 2012,

tenía una fortuna personal de millones de dólares, aunque no precisó la cifra exacta. Más adelante, en una de las audiencias para intentar salir bajo fianza, los fiscales hablaron incluso de un yate de casi un millón de dólares, solamente para dimensionar su fortuna. La decisión de enviar el caso del exfuncionario mexicano a la Corte de Nueva York se dio debido a su relación con el caso contra Guzmán Loera, que fue liderado por el juez Brian Cogan. La detención del alto mando policiaco se debió a un trabajo coordinado entre la DEA en Nueva York y Houston, el personal de HSI, el Departamento de Policía de la Ciudad de Nueva York (NYPD) y Policía del Estado de Nueva York (NYSP). De acuerdo con la acusación, de 2001 a 2012, mientras ocupaba puestos de alto rango en el gobierno mexicano, García Luna recibió millones de dólares en sobornos del Cartel de Sinaloa a cambio de proporcionar protección para sus operaciones y tráfico de droga. De 2001 a 2005, García Luna lideró la Agencia Federal de Investigación (AFI) de México, lo cual ocurrió durante el mandato de Fox, pero en el gobierno de Calderón, de 2006 a 2012, se desempeñó como Secretario de Seguridad Pública. "A cambio del pago de sobornos, el Cártel de Sinaloa obtuvo pasaje seguro para sus envíos de drogas, información confidencial de las fuerzas del orden sobre investigaciones sobre el Cártel e información sobre organizaciones rivales", afirma la acusación. "(Eso) facilitó la importación de miles de toneladas de cocaína y otras drogas en los Estados Unidos". La captura del exjefe policiaco coincidió con una reunión del fiscal general de los Estados Unidos, William Barr y el presidente mexicano Andrés Manuel López Obrador, donde pudo informarse sobre la operación, luego de que un

Gran Jurado decidió el 4 de diciembre pasado acusar formalmente a García Luna. La orden de arresto se liberó el mismo día que el Gran Jurado acusó al exmando de tres delitos por conspiración de tráfico de drogas.

Este caso ha cimbrado a la política en México, debido a que García Luna había sido mencionado por varios periodistas como un personaje "oscuro" y "corrupto" con fuertes nexos con el narcotráfico. De hecho, volviendo al caso de Guzmán Loera, su equipo de defensa podría utilizar parte del proceso en la apelación, considerando que sus argumentos sobre el ascenso de "El Chapo" se debieron –en gran medida–a la corrupción en México.

García Luna ha peleado por salir bajo fianza antes y durante la pandemia de coronavirus, pero distintos jueces, incluido Cogan, se la negaron, al sumarse a la postura de los fiscales de que, debido a sus conexiones en México, escapara de los EE.UU. En la audiencia del 28 de febrero del 2020, el ayudante del Fiscal, Michael Robotti, afirmó que había elementos suficientes para creer que García Luna huyera. "Tiene acceso a una amplia red de corrupción", dijo. "Hay personas poderosas que ahora tienen posiciones en la iniciativa privada (que podrían ayudarlo)". Robotti, sin embargo, no dio nombres ni las posiciones. Aunque las autoridades no han revelado en cuánto estiman la fortuna de García Luna, su abogado defensor, César de Castro, presentó documentos para solicitar una fianza, poniendo como garantía propiedades estimadas en cuatro millones de dólares. La noche previa a esa audiencia, la Fiscalía presentó una dura respuesta contra el ofrecimiento de fianza, afirmando que incluso podría utilizar los recursos del

Cártel de Sinaloa. "El acusado (tiene) acceso a funcionarios mexicanos corruptos y los recursos del Cártel
de Sinaloa... para evadir la captura o el enjuiciamiento en México durante años", indicó, poniendo como
ejemplo a Joaquín Guzmán Loera y a Rafael Caro
Quintero, acusado del homicidio del agente de la
DEA, Enrique "Kiki" Camarena Salazar. "Estos son
solo dos de los innumerables ejemplos de fugitivos
que, con la ayuda del Cártel de Sinaloa y los corruptos oficiales de la Policía mexicana, han evadido la
detención durante años. No hay razón para creer que
el acusado lo haría de otra manera".

García Luna es considerado el principal artífice de
la guerra contra las drogas en México que ha dejado
miles de muertos y desaparecidos, "víctimas colate-
rales", como las llamó el expresidente Calderón. El
expolicía está encerrado en el Centro de Detención
Metropolitano (MDC por sus siglas en inglés), ubicado en Brooklyn, bajo el número de preso 59745-177
según la Oficina de Prisiones (BOP).

En el capítulo anterior integré parte de la entrevista al periodista Édgar Monroy, quien colaboró en el
libro de Olga Wornat sobre el expresidente Calderón
y dónde la figura de García Luna será esencial para
describir los actos de corrupción del exmandatario.
¿Podría el juicio contra este exmando policiaco beneficiar a Guzmán Loera? Es poco probable debido
a que –como ocurrió con el asunto de "El Mayo"
Zambada– se trata de asuntos relacionados, pero
paralelos, es decir, los posibles delitos del exfuncionario no descartan aquellos por los que se sentenció
a "El Chapo".

Monroy, sin embargo, destaca –coincidien-
do con la postura del abogado Lichtman– que la

sentencia de líderes del narco no termina con el tráfico de droga. "La pregunta más importante que hay que hacerse no es el tema de "El Chapo", sino por qué hay Chapos, por qué hay Mayos, por qué hay Güeros Palma", señala Monroy. "Si analizamos de fondo... todos tenemos cuestiones duras en nuestra infancia y eso va a permeando con el tiempo en lo que nos vamos a convertir... podemos cambiar el destino, sí, si queremos. En el caso de ellos (los narcotraficantes) todos comparten las mismas circunstancias: vienen de un país pobre, completamente disfuncional, donde lo más importante es demostrar qué tan chingón eres", expone el periodista, para luego hacer un símil entre el expresidente Felipe Calderón, García Luna y "El Chapo". Todos querían destacar y salir de la pobreza.

"Es normal que la defensa quiera decir que "El Chapo" es un segundón, porque quiere sacarlo de la cárcel", expone Monroy, pero reconoce que Guzmán Loera nunca quiso ser un segundón. "Lo comparó con el expresidente Felipe Calderón, quien le decía a sus amigos que sería presidente de México y todos soltaban la carcajada", compartió Monroy sobre una entrevista a una de sus fuentes. "'El Chapo', cuando cortaba las plantas de opio, sus compañeros le preguntaban que quería ser, me lo platicó gente que trabajó con él, decía: 'Yo voy a ser el narcotraficante más poderoso de este país'". Y lo logró. El mito al que su abogado Jeffrey Lichtman se refiere no existe. Guzmán Loera no es un mito, es un personaje protagonista, incrustado en la historia negra de México.

4. La carta

El invierno estaba por cumplir su primer mes y faltaba un día para que Estados Unidos fuera testigo de la toma de posesión de Donald Trump como el presidente 45 tras la más polémica campaña política en la historia de este país. Habían pasado poco más de dos meses desde que las televisoras a nivel nacional mostraron al republicano alzarse con la victoria en las elecciones de 2016. Un día antes de arribar a la Casa Blanca, al todavía presidente electo le llegó un acto de buena voluntad desde México, a cuyos inmigrantes insultó, comparándolos con criminales. El sorpresivo "regalo político" fue enviado por el Gobierno de Enrique Peña Nieto, el mismo que invitó al republicano a visitar México, donde lo recibió como funcionario de Estado, aunque todavía no lo era. El gesto de Peña Nieto era un acto de voluntad, un gran presente, una ofrenda: Joaquín Guzmán Loera, JGL, "El Chapo", el enemigo público número uno de los Estados Unidos y uno de los líderes del Cártel de Sinaloa. El mexicano arribó a las 21:30 horas de la zona Este al aeropuerto John F. Kennedy de Nueva York. Una cámara del personal de la Administración para el Control de Drogas (DEA) lo captó asomándose por la ventana, curioso de la ciudad de los rascacielos, pero sobre todo temeroso. Se veía como un niño arribando a Disneyland, pero este escenario estaba lejos de ser divertido para el mexicano. Estaba lejos del país donde logró escapar de prisión en dos ocasiones y llegaba a la Gran Manzana para enfrentar un juicio en su contra, el "Juicio del Siglo", una expresión que los estadounidenses utilizan para cada proceso penal de alto impacto. De hecho, el de Guzmán Loera sería uno de los "juicios del siglo", al lado de aquel contra el millonario caído en desgracia Jeffrey Epstein —con quien compartió prisión brevemente— acusado de tráfico sexual de menores, y Keith Raniere, también conocido como Vanguard, fundador y líder de NXIVM, una organización de marketing multinivel con sede cerca de Albany, Nueva York, que convertía a seguidoras en esclavas sexuales incluso desde México.

Era el 19 de enero de 2017, la temperatura estaba a 40 grados Fahrenheit (unos 4 grados Centígrados) y Guzmán Loera lloraba discretamente desde el avión. Literalmente había llegado solo a una ciudad donde sus distribuidores de droga no darían la cara públicamente por él. Su soledad se intensificó al no hablar inglés, se le veía devastado. El video que lo muestra enjugándose las lágrimas, dado a conocer dos años después por *The New York Post*, rinde testimonio sobre la vulnerabilidad que todo humano experimenta en algún momento de su vida ante alguna crisis. En su caso se veía solo frente a un mundo ajeno a él, sin poder, sin amantes, sin amigos, sin familia.

***

Cuando se conocieron, Joaquín Guzmán Loera, "El Chapo", "El Señor", tenía bigote y más cabello; su rostro no era muy distinto, quizá más lozano, pero aquella mirada profunda era la misma, de alguien que observa con intenciones de poseer. Emma Coronel tenía una piel suave, siempre fue bonita —aunque algunos creen que las cirugías la han cambiado— de cuerpo torneado, acinturada, de labios gruesos y manos medianas; entonces no usaba tanto maquillaje, no lo necesitaba. Hace 14 años parecían otros, pero después de tanto tiempo siguen siendo los mismos. Una pareja con marcadas diferencias en edad y poder. Él era líder de uno de los cárteles de la droga más grandes que hayan existido, el único delincuente perseguido que fue integrado en la lista de la prestigiosa revista de negocios *Forbes*, donde cada año el privilegiado 1% de la población es enlistado por sus logros financieros, por sus negocios legítimos —aunque desconocemos si son ciento por ciento legales—, como sea, ahí estaba su nombre desprestigiado, pero en una lista de prestigio. Cuando formaron pareja ella no era más que una adolescente de 17 años, reina de belleza de un concurso local en Sinaloa, la Feria del Café y la Guayaba. Eso era suficiente para llamar su atención, aunque él ya la había visto en varias ocasiones. La vio crecer, ya que era hija de uno de sus socios, Inés Coronel Barrera,[18] en prisión desde 2013 en México. Los lazos de negocios pasaron al ámbito familiar. La boda no fue fastuosa, fue concurrida. Guzmán Loera vivía uno de los mejores momentos de su carrera criminal, era todavía joven a pesar de que aventajaba a Emma con 30 años. ¿Era posible que él siguiera siendo joven a pesar de tanta diferencia? Había tenido ya una vida llena de adrenalina. Sí, quizá esa adrenalina le permitía intentar demostrar que

---

18 Algunos periodistas, sobre todo de otros países, creían que el padre de Emma Coronel era Ignacio Coronel Villareal, "El Nacho", uno de los fundadores del Cártel de Sinaloa, quien murió en 2010. "El Nacho" también era perseguido por las autoridades estadounidenses, integrado como el expediente tres del grupo donde Guzmán Loera era el cuarto caso.

seguía siendo joven, al menos en espíritu y anhelos, muchos de éstos criminales.

***

La fama de Guzmán Loera como mujeriego era conocida, reportada en libros, periódicos, revistas y reflejada en series de televisión sobre su vida. En la Corte del Distrito Este de Nueva York se puso rostro a algunas de esas amantes clave, quienes también tuvieron un papel importante en sus negocios. Emma quizá lo sabía –o lo sospechaba–, pero prefería mirar hacia otro lado o no pensar en ello, sobre todo cuando estaba con él. En la sala de la corte con sede en Brooklyn, Emma recibió varios baldes de agua helada sobre una realidad conocida públicamente, pero por primera vez enlistada con santo y seña, en una audiencia pública, con cartas de amor y llamadas telefónicas que ella desconocía. Cuando el miembro de una pareja es confrontado por alguna infidelidad, esa persona podría recurrir a la negación para evitar un pleito mayor, decir que una mentira es la mejor defensa, pero aquí no había escapatoria para Guzmán Loera. Frente a él y a su esposa estaban las pruebas de la infidelidad, de la estrecha relación personal y profesional con algunas de sus mujeres, como Agustina Cabanillas Acosta, alias "Fiera", una mujer atractiva de piel trigueña y cabello largo, lacio y oscuro. "El Señor" la tenía en sus contactos clave en su BlackBerry. Ella lo ayudaba a coordinar trasiego de droga y pagos con gente ubicada como "Riris", casi en cualquier país, incluidos China, Alemania, Canadá, Australia, Ecuador, Honduras, Estados Unidos y diversos puntos en Europa. Con "Poy" lo hacía para negocios en

Belice. Con "War Princess", Cabanillas Acosta se aseguraba de negocios en Nogales, Arizona. Hubo gente de la que nunca se supo el nombre, porque fue ubicada con símbolos, como una carita sonriente, "=)", quien hacía negocios para el Cártel en Los Ángeles y San Diego, California. También estaba el "Güero", operador en Detroit, Phoneix, San Diego y Los Ángeles. Frente a esas pruebas, Emma miraba sin prestar demasiada atención, disimulaba jugar con su cabello, con los brazos sobre sus piernas cruzadas, pero no podía engañar a nadie en la sala, escuchaba atenta la traducción a través del aparato que le asignaron. Se enteró de todo, manteniendo una expresión de jugadora de póker, sabiendo que las miradas de una treintena de asistentes al juicio la escudriñaban tratando de descubrirle alguna expresión de tristeza o decepción. Ella se mantenía estoica casi todo el tiempo, incluso a veces parecía aburrida, hastiada de tantas historias sobre su esposo, a quien respetaba públicamente llamándolo "El Señor".

***

A pesar de la ignominia a la que se sometía todos los días, a Emma se le vio sonreír en varias ocasiones en la corte donde su esposo enfrentaba juicio. Incluso dialogaba con miembros de la prensa recurrentes, a quienes ubicaba a la perfección. Pero su relación cotidiana era con el equipo legal de su esposo, especialmente Mariel Colón, quien habla español y era una especie de "dama de compañía", al grado que fue castigada por el juez Cogan por acusaciones de los fiscales de prestar su celular a Emma para enviarle mensajes a su esposo, cuando había estrictas instrucciones de que no podían comunicarse por esa vía. Mariel me aseguró que ella no le mostró ningún mensaje de "El Chapo" a Emma, pero que los fiscales hicieron un gran escándalo al respecto y tuvo que acatar la orden del juez Cogan.

Emma era, casi siempre, la última en entrar a la sala de audiencias. Cuando llegaba a tempana hora era posible acercarse a ella y dialogar, quizá solicitarle una entrevista y recibir un amable "no" o "después lo vemos" como respuesta. En una ocasión que llegó antes de las 9:30 a.m. iba de muy buen humor, se sentó en la segunda fila del lado derecho de la sala, en el rincón, donde casi siempre estaba sola, pero a veces los alguaciles dejaban sentar a otras personas, para permitir más gente en la sala, sobre todo las sesiones finales. Emma platicó con este periodista sobre sus gustos musicales, a quien reveló que le gusta el reguetón, especialmente Maluma. "Maluma baby", dijo sonriente, parafraseando la forma en que las fans se refieren al colombiano. Ni el periodista ni ella se dieron cuenta que Guzmán Loera había sido ingresado a la sala. Emma siempre lo saludaba de lejos apenas entraba. Esta vez no fue así.

— ¿Ya ves?
— ¿Qué pasó?
— Ya ni pude saludar al "señor".

La alegría con la que había llegado desapareció. Se preocupó un poco. ¿Temía represalias? Quizá no, pero la forma en que se refirió a su esposo no era la de una mujer que solamente amaba a su pareja. En entrevistas con Telemundo y *The New York Times*,

Emma se refirió a él en forma distinta, decía amarlo. Esa lealtad mostrada en un pequeño diálogo no era la de una mujer enamorada, sino la de alguien que cumple una asignación, una tarea específica del "jefe".

Mariel Colón contó a este periodista que la relación entre Emma y Guzmán Loera era muy estrecha y para él ella era "el amor de su vida". Había una conexión especial entre ellos, más allá de las enchiladas suizas que ella le cocinaba y que "El Chapo" presumía como un manjar de parte de su esposa.

***

A Guzmán Loera le gusta escribir cartas. No importa si tiene mala ortografía o su caligrafía es complicada de entender, aunque puede considerarse como "clásica", para algunos quizás antigua, en cursivas o "bastardilla" como los calígrafos la identifican, inclinada a la derecha. Durante su juicio se mostraron cartas personales, a sus novias y esposa; y de negocios, a su socio Dámaso López Núñez, alias "El Lic" o "El Licenciado" –su socio y compadre, padrino de una de las gemelas que "El Chapo" procreó con Emma–. Estas últimas tuvieron un papel primordial. El último día de su testimonio, el 7 de enero de 2019, el testigo que había descrito la forma en que traficaban la droga desde Sudamérica a Estados Unidos y otros países habló sobre dos episodios: el último escape de su compadre de la prisión del Altiplano, en el Estado de México, y la implicación de "Los Chapitos" –hijos de Guzmán Loera– en la ejecución del periodista Javier Valdez. "El Lic" había llevado la traición a otro nivel. Lo había hecho en medio de expresiones cuya conexión emocional parecían haber perdido sentido, como "mi compadre", "mi comadre". A través de su esposa, Guzmán Loera le pidió a su compadre coordinar y proporcionar el dinero necesario para el plan de escapatoria el 11 de julio de 2015.

Guzmán Loera rindió testimonio en sus misivas de los crímenes que lo llevarían a prisión, incluso de las conspiraciones en su contra dentro del propio Cártel, así como mantenerse alerta ante amenazas de muerte.

Prueba 806-1
08-CR-466 (BMC)

Para mi compadre Lic:

Con mucho gusto le escribo esta carta espero que al recibirla se encuentra bien usted y toda su familia qe son mis mejores deseos.

Yo por aca bien gracia a dios e estado bien no ase frio le cuento que ase unos dias me visito mi amigo me dise que los weros ya comentaron quienes son los intelectuales pero asta ahi an dicho nada mas no han dicho quien es la persona que se encarga de embenenar al negro y al trigre mi amigo esta al pendiente para en cuanto comenten quien es el que visitara para desirme quien es lo que se comenta que andan embenenando jente ayudada como les sabio... con el negro y ya sabemos que los weros son espertos en enrredar jente ay le encargo que usted y mis hijos lo que escuchen se comenten y no tomen tan apecho los comentarios de la jente ya sabemos que sin duda nunca eran nada son dos cosas que se deben aser que donde duerman ustedes nada mas sepan y no ir a lugares publicos y nunca pasara nada me comento el Lic lo que le comento Rene... (sic)

En otra de las cartas, Guzmán Loera habla de lo bien que era tratado en la prisión del Estado de México, incluso que se reencontró con un "viejo amigo", un conocido no identificado que prometió ayudarlo, a quien conoció durante el sexenio del presidente Carlos Salinas de Gortari.[19] Aquel hombre le ayudaría incluso a investigar quién autorizó su detención. Incluso cuenta cómo sus conexiones con la Marina le permitieron saber que la DEA y otras autoridades estadounidenses "conspiraron" para su captura, dividiendo al cártel y a sus socios en el Gobierno. Para Guzmán Loera, la única forma para capturarlo era haber sido traicionado. "El Señor" también pide a su compadre que escuche las instrucciones de "La mamá de las cuatas", es decir, de Emma Coronel. Dámaso revelaría que esas instrucciones eran para orquestar la fuga de su socio.

Guzmán Loera estaba furioso porque no pudo defenderse cuando fue detenido en Mazatlán. Incluso reconoció que no lo mataron porque lo encontraron con su familia, aunque a él ganas no le faltaron de enfrentarse a los marinos. En la corte, durante su testimonio, el agente de la DEA Víctor Vásquez no contó que sus compañeros le colocaron la punta de un rifle a Emma en la cabeza. Guzmán Loera lo recuerda en una de sus cartas a su compadre: "Ganas

---

19 El poder de Guzmán Loera no pudo ser posible sin sus contactos autoridades federales. Aquel personaje al que se refería era un "buen amigo" en el gobierno, a quien no quería poner en peligro revelando su identidad, pero hablaba en alta estima sobre esa persona.

no me quedaron de matarme con ellos, pero por la familia (no lo hice). A la mujer le pusieron el rifle detrás de la cabeza. Con las niñas ahí, no podía hacer nada". ¿Mentía? ¿Por qué las autoridades omitieron ese pequeño "detalle"? Guzmán Loera podía ser muchas cosas, pero es improbable que mintiera sobre la rabia que sintió de ver a su esposa sometida y a sus hijas en una situación de vulnerabilidad, especialmente por sus acciones.

Prueba 806-3
08-CR-466 (BMC)

Le cuento que apesar que aqui todo es difisil me toca suerte por ese lado el director se a portado muy bien con migo lo que le pido me a ayudado y por otro lado el dia que llegue al aeropuerto me encontre con un amigo que ase muchos años lo conosi en el sexenio de salinas y ise buena amistad con el en aquellos años y me dijo que me visitaria y asi a sido me ha estado visitando y me a comentado como fue todo dise que el negro no miraba la DEA ay jente atras que sabian que abia problemas con el tigre y supieron metersele y yo no le comente austed que ese abusibo de mi compadre negro unos 15 dias antes fue a ablar con migo ivan en plan de malo dijo que el tigre lo iva a matar y que yo no ise nada por el yo le dije que se calmara que eso lo mirara usted que yo ablaria con usted y me dijo ya con un semblante mal que usted era el de todo y que el estaba seguro porque jente quien lo estaba enbenenando lo que le dije que si el le asia algo a usted que me lo isiera ami primero porque sino iba a tener problemas con migo no contesto y agacho la cabeza y se fue al cuarto donde estaba condor y asi quedo todo jamas imagine que ya alguien lo traia enbenenado para mi son tres lineas las que ay que ponerle

*atension aber si gastan dinero porque mi amigo asta oy ya
sabe quien esta atras para mi son tres lineas porque el no
tenia mas amigos que el doctor...*

*mande meter un amparo los papeles de ese lugar usted
sabe quien los tiene agaselos llegar a las cuatas por fabor la
mama de las cuatas le va a comentar a usted y a mis hijos
algo ay le encargo que esten muy pendientes compadre ella
les explicara...*

*le comento que conecte a el que anda al mando de los
marinos y me dice que no puede y que ya los... gringos no
sueltan nada porque ya saben que se da cuenta uno y lo
que suelan no es verdad lo asen para amarrar navajas y
cuidar a los dedos que ya no se dan cuenta asta despues ya
que las cosas estan echas de lo mio el supo como pasaron
las cosas porque le dijieron al procu a los secretarios tanto
marina como ejercito al presidente le dijieron pero asta que
ya estaba detenido en ese momento le dijieron y cuando
los felisitaron dijieron que con ese acabarian con todos y
cometieron ese error no detuvieron a todos porque se vinieron todos en el avion y como dios quiso que me encontrara
ese amigo y el me dijo que traian los.... de todos dise mi
amigo que mi compadre lo conbencieron con el compromiso que me mataran porque sino no ayudaba porque me
daria cuenta y seguro que lo mandararia matar claro que
de inmediato le aseptaron y asi iban a ser las cosas si no
ubiera estado la familia si me matan y la verdad no me
ubieran agarrado... ganas no me quedaron de matarme con
ellos pero por la familia a la mujer le pusieron el rifle en al
cabesa atras con las niñas no podia aser nada por otro lado
me dise mi amigo ase dias vino que la DEA dise que yo
mande matar la mujer del cochino y que... la mataron que
estan amarrando nabajas por otro lado de la mercancia que
vaya llegando me avisa y cuanta a recojido una tonelada 1
tonelada se compro entre los 5 y lo que pase de la tonelada*

es mia lo que boy a llegando aber que porsentaje la ase ren-
dir ojala la mitad de corte y mitad de mercancia ya nos
pondemos de acuerdo...

    yo les mando desir un abrazo les llebara un mensaje lal
mama de las cuatas para que la vean personal (sic)

Desde la prisión, Guzmán Loera atiende tres aspectos clave en su vida: su familia, sus negocios y sus
socios leales. La tercera misiva mantiene la constante
sobre cargamentos de droga y la preocupación por la
seguridad y, por supuesto, la lealtad de la gente a su
cargo. Dependía de ellos en momentos vulnerables y
debía asegurarse de mantenerlos a salvo, incluso de
enviar dinero a sus familias en caso de morir en esa
guerra que ya perdía desde adentro.

López Núñez recibió las cartas de parte del abogado Óscar Manuel Gómez. Todo parecía cumplirse
al pie de la letra. En 2014, Emma Coronel buscó a
Dámaso López Núñez para darle las instrucciones
de su esposo, luego hubo otros encuentros donde
estuvieron los hijos de Guzmán Loera, quienes fueron los encargados de comprar un terreno cerca de la
prisión de alta seguridad, para cavar un túnel hacia
la cárcel dirigida por Valentín Cárdenas. En varias
reuniones posteriores, entre mayo y junio del mismo
año, Coronel dio más instrucciones, que incluyeron
la contratación de una persona que coordinara los
trabajos desde el Estado de México. El "Lic" envió
a su cuñado Leonardo, quien se encargó de contratar a custodios y rentar una bodega para equipo y
otras necesidades. También se pedía comprar un re-
loj especial con GPS para localizar el lugar exacto del
túnel y armas. En una de las reuniones se contó que
Guzmán Loera "ya escuchaba ruidos" de los trabajos

bajo la cárcel, que incluso los internos llegaron a quejarse, debido al ruido, provocado porque los trabajadores no podían romper el concreto del piso del baño por donde escapó. El plan era hacerlo un fin de semana, debido a que había menos personal en la prisión. Se concretó el 11 de julio de 2015. El "Lic" narró que dentro del túnel había una moto montada en un riel, pero que fue jalada con una polea –"carrucha", dijo– por otro sujeto que trasladó a "El Chapo" a la salida. En el terreno cercano lo esperaba el hermano de Coronel, quien lo transportaría a una pista en San Juan del Río, Querétaro, desde donde Héctor Ramón Takashima Valenzuela "Cachimba" lo llevaría en avioneta a la sierra de Sinaloa. Allí Guzmán Loera se reunió –en el famoso rancho La Tuna– con Ismael "Mayo" Zambada y un sujeto llamado Pedro Loiza, ayudante del Cártel en Belice. "Todos estaban felices", dijo López Núñez. Fue la primera vez que se implicó a Coronel en un delito de esta magnitud, un grave error de la defensa de su esposo permitir que un testigo llegara a esos niveles. La Fiscalía no dijo nada. A cuestionamientos insistentes de periodistas rechazó hablar sobre una posible persecución contra la madre de las gemelas, pero apenas ella dio a conocer sus intenciones de crear una empresa para vender productos de moda con la marca de "El Chapo", las autoridades estadounidenses filtraron a *The New York Post* que Emma era investigada. No dijeron los motivos. La hebra quedó suelta.

El periodista Édgar Monroy, a quien he citado en dos capítulos anteriores, me contó que durante el juicio a Guzmán Loera viajó a Nueva York para una conferencia sobre persecución de periodistas. Su carrera como investigador y colaborador de otros reporteros lo ha llevado a lograr fuentes importantes, incluida gente del Cártel de Sinaloa. "Recibí el mensaje de alguien... le pedí hablar con Emma... ella dijo que sí de inmediato", recordó Monroy. Ella lo citó en el St. Regis, ubicado en la calle 55, cerca de la Quinta Avenida. Tuvo la entrevista pero afirma que cuando estuvo en su habitación, agentes de la DEA llegaron a cuestionarlo por haberse reunido con ella. Aunque la esposa de Guzmán Loera podía andar libremente en EE.UU., eso no significa que no es vigilada; sus movimientos son monitoreados, sobre todo después de las afirmaciones de su compadre Dámaso López Núñez y la confirmación de *The New York Post* de que era investigada. Su abogada, sin embargo, afirma que ninguna autoridad se ha contactado con ella para abordar los dichos revelados en la Corte, mucho menos ha habido impedimentos para impulsar su empresa de moda con la marca de "JGL", sobre la cual ya hay diseños de gorras, protectores de celulares, camisas tipo polo, chamarras y otros productos para hombres.

Prueba 806-2
08-CR-466 (BMC)

Compadre agame el fabor de ablar con pollito saludemelo que por fabor recomiende un cobrador para que amarre a Chef para que entregue los 400 que tiene y ay 400 mas con un amigo que agarraron preso junto con los pilotos que mando Cachimbas anle con Cachimbas para que Cachimbas able con la familia de los pilotos que estan presos juntos aya con eduardo y usted mande a una persona a ablar a la carsel para que entregue las cosas a aber a quien se las entrego no deje de pagar la renta de

*Callo y la del Conta en europa esas compañias estan...
limpias la diputada sabe de eso para echarlas a andar...
La mujer que tienen don Pedro y le digo que por fabor le encargo que aga a don Pedro que Chevy Toño los
respete y de inmediato abla con don pedro y lo iso que le
diera ordenes a Chuy Toño que se porte como deve ser
cuaqluier cosa que ayga con Chuy Toño de inmediato
ablenle a mi comadre de parte mia y ella soluciona cualquier detalle que ayuga Oscar tiene comunicacion con
mi comadre y la mama de las cuatas para que cuando se
ofresca que le ponga en comunicacion con ustedes... (sic)*

Durante el juicio, el "Lic" también reveló que, en febrero de 2016, tras su nueva detención, "El Chapo" pidió ayudarlo a escapar nuevamente con la ayuda de sus hijos y su esposa. La exreina de belleza volvió a ser mensajera, López Núñez le dijo que con gusto ayudaría pero que "no tenía dinero", por lo que "El Chapo" envió $100 000 dólares para encontrar un nuevo terreno. En esa ocasión Guzmán Loera fue enviado al penal del Altiplano, de donde ya se había escapado, pero luego fue enviado a una cárcel en Ciudad Juárez, Chihuahua. Para devolverlo a la primera prisión se pagaron dos millones de dólares al entonces director de penales de México. Ese plan no funcionó.

Emma Coronel se mantuvo tranquila al escuchar su nombre como posible conspiradora para ayudar a su esposo. Por momentos estuvo cabizbaja, quizá una reacción natural de cualquiera ante demasiadas miradas al mismo tiempo. Era normal que los asistentes al juicio la miraran cada que había una referencia a ella. El tic de tocarse el cabello o acariciarse los dedos aparecía en cada ocasión que llamaba la atención.

***

La religiosa Nedy Fulgencio, La Pastora, era uno de los personajes más misteriosos y cercanos a Emma Coronel. Casi todos los días era de las primeras en la lista para no perder un lugar en la sala principal. Durante los días que había que llegar de madrugada, Nedy dormía boca abajo en una silla acolchonada que siempre cargaba. Se las arreglaba para estar lo más cómoda posible. A veces se le veía rezando. Tenía fe en que Joaquín Guzmán, Don Joaquín, como ella se refería al narcotraficante, saliera triunfante del juicio. "Esta es una prueba que Dios le está poniendo, porque Dios tiene un gran plan para él, pero primero debe cruzar por este camino", decía convencida sobre un designio divino que salvaría a "El Chapo" de prisión.

Nedy, de origen dominicano y residente de Queens, se sentaba lo más cerca posible de Emma Coronel, aunque a veces los periodistas que lograban ingresar antes que ella a la sala, le ganaban su lugar. Tranquila, con Biblia en mano, se sentaba y compartía una sonrisa con su vecino de lugar. Era una mujer amable, pero despertaba curiosidad entre los asistentes, porque no se sabía el motivo de su asistencia. "Nada, solamente rezar por él", afirmó cuando le pregunté sobre el motivo de acudir, de desmañanarse todos los días, de a veces no poder compartir mucho tiempo con Emma. "Ellos saldrán de esto, porque Dios está con ellos", repetía. La religiosa de cabello rizado y teñido de rubio, de rasgos mulatos, tenía un rostro amable. Su sonrisa despertaba confianza, pero algunos reconocieron que cierta desconfianza. El misterio de sus rezos prevalecía.

— Yo seguiré rezando

— ¿Y si pierde el juicio? Hay muchas pruebas en su contra. – Le recordaba este reportero.

— Es una prueba… y verás.

—¿No es como venderle una falsa esperanza a Emma? Porque usted platica mucho con ella.

—Ella sabe que esto es una prueba, que Dios la puso aquí por algo…

—¿La fe ganará? ¿Qué pasa con los hechos que se han mostrado? ¿Las muertes? ¿El dinero?

—Sí, hay muchas cosas, pero hay cosas que no se han dicho…

—¿Cómo cuál?

—Cosas que sólo Don Joaquín y Dios saben…

La fe de Nedy parecía inquebrantable, hasta el día del veredicto, cuando Don Joaquín, como se refería a "El Chapo" fue hallado culpable de los diez cargos en su contra. La decepción y la tristeza fueron evidentes en su rostro, ya no tenía esa sonrisa de confianza, la misma que compartía con Emma Coronel para darle esperanza, incluso cuando se mostraron cartas de su esposo enviadas a sus amantes, como la llamada "Chapodiputada", Lucero Guadalupe Sánchez López.

***

Para Emma Coronel no era un secreto que su esposo tuviera amantes, quizá incluso lo escuchó hablar con ellas en algún momento, pero miembros del equipo de defensa la prepararon para escuchar detalles de algunas de las relaciones que "El Señor" tuvo en el mismo periodo con otras mujeres.

El 24 de enero, los fiscales federales presentaron varias pruebas para sustentar la forma en que operaba como líder del Cártel de Sinaloa, incluida una carta que envió a su examante Lucero Guadalupe Sánchez López.

La mujer llevaba varios días de rendir testimonio en la Corte Federal de Brooklyn, donde fue cuestionada por el ayudante del fiscal Anthony Nardozzi –que sigue su caso en Washington, D.C.– quien mostró una carta que Guzmán Loera le envió a ella desde el penal, donde se reconfirma su relación. El narcotraficante deja entrever que en aquel entonces, en 2014, ella espera un hijo suyo; además de pedirle contactar al "Licenciado".

"Recibí cartas desde la cárcel", dijo Sánchez López cuando Nardozzi hizo la pregunta expresa. "Envió tarjetas con arreglos florales", agregó ella. El ayudante del fiscal quiso ahondar en el contenido y que ella confirmara que la letra de la carta sin fecha, pero firmada por "Joaquín Guzmán L." era de "El Chapo". Ella dijo reconocer la letra y "sus palabras de amor" que siempre le decía. Agregó que a través de las misivas recibió instrucciones de cómo visitar a su amante en la cárcel, con una identificación falsa que le fue entregada por el abogado del narcotraficante. De esa visita se tomaron fotografías que ella desconocía, pero que fueron filtradas a Televisa; ella ya era diputada del Congreso Sinaloa, pero al conocerse las imágenes hubo presión para destituirla. Ella negó la relación "por miedo", dijo.

"Para mi Reyna May, que es mi amor", inicia la misiva en letra cursiva con varias faltas de ortografía, luego Guzmán Loera habla de un hijo de ella que está deprimido por la muerte de su padre, del bebé que esperan, de la necesidad de hablar con el "Licenciado" y le recuerda constantemente cuánto la ama.

La "Chapodiputada" fue detenida en la frontera con San Diego, cuando intentó cruzar a los Estados Unidos el 21 de junio de 2017, supuestamente para pedir asilo, después de haber sido destituida por el Congreso de su entidad. Está presa en Washington D.C., donde se declaró culpable en octubre de 2018 y enfrenta 10 años de cárcel, pero logró un acuerdo tras testificar contra Guzmán Loera.

"Pensé que era una relación de pareja... estoy perdida", dijo Sánchez López cuando el ayudante Nardozzi le preguntó cuál era su relación con Guzmán Loera. Emma Coronel esbozó una sonrisa cuando escuchó eso; había estado relajada la mayor parte del día, jugando con su cabello como usualmente lo hacía, pero luego cambió su semblante cuando llegó Sánchez López; se mantuvo seria, atenta a las declaraciones de su rival de amores. El día que se mostró la carta de amor, Emma Coronel mostró su rostro de jugadora de póker. ¿Qué más podía sorprenderla? Ya había escuchado en voz de la "Chapodiputada" y cómo había escapado con Guzmán Loera desnudo a través de la tubería, perseguidos por la Marina.

Prueba 805
08-CR-466 (BMC)

Para mi Reyna May que es un amor
Con mucho gusto y con mucho amor te contesto tu carta deseando que al resibir mi carta te encuentres bien tu y toda la familia y nuestros hijos que son nuestros mis mayores deseos te cuento que me dio mucho gusto resibir

tu carta amor y al leerla me puse muy felis al darme cuenta que nuestro hijo esta bien que alegria que no dejes de cuidarte porque una XXX te puede aser daño como aser fuerza a aser corajes por lo mismo no te comentare nada que no te paresca bien amor lo unico que quiero que me agas fabor es quec uando me escribas o cuando vengas me des la dicha de cuando estubistes en la clinica amor no creo que eso te desacomode te cuento que tengo muchas ganas de leerte no dejes de estar ablando al Lic. para lo de la administración ya deve de estar lista amorcito cuando vengas a visitarme ablaremos corazon ya deseo verte y verte tu pansita

nuestro y ermoza hija si es niña le pondremos como la mamá si es niño como su abuelo o como su papa ya veremos que piensa la mamá ermoza que amo mucho (inentendible) sin tus carisias es mucho desamparo vivir sin tus palabras es mucha soledad porque te amo y siempre amare y aora que me daras mi hijo mas te amare que linda eres amor en todos los aspectos por otro lado corazon me comentan que nuestro hijo esta sufriendo mucho por lo de su papa amo no es para menos llevalo a que tome terapia con un sicologo le alludara mucho corazon y trata de que valla cada 15 dias para que valla asimilando lo de su papa dile que el se fue al cielo que es un anjel y que de aya lo esta cuidando a el dale terapia tu tambien amor porque para nuestro hijo es muy difisil asimilar pero la terapia le serbira para que no sufra tanto corazon dile que lo mando saludar que lo quiero mucho saludos a toda tu familia corazon se despide quien te ama y no (inentendible) que ama a su (inentendible) su amor

Joaquin Guzman L. (sic)

***

Con tantas cartas escritas a examantes y exsocios era difícil creer que Guzmán Loera no quisiera escribirle de la prisión en Manhattan a la única mujer que públicamente daba la cara por él en Nueva York. Tenía poco por perder y mucho por ganar comunicándose con Emma Coronel, sobre todo compañía, estando aislado en el ala 10 Sur, en una celda descrita como "una hielera" por los abogados de quien fuera el Enemigo Público Número Uno de Estados Unidos.

El juicio comenzó en noviembre de 2018, pero en junio, la defensa, de la que ya entonces formaba parque Mariel Colón, presentó una moción para que su cliente tuviera mejores condiciones. Los esfuerzos fueron infructuosos. Los fiscales defendieron que, dado el historial de escapes del mexicano, era inviable darle mayores concesiones.

"Estoy escribiendo para dar seguimiento a las temperaturas congelantes en el área 10 Sur", escribió Rebecca, una de las colaboradoras del equipo de Guzmán Loera, en un correo escrito el 14 de junio de 2018 y presentado como prueba por la abogada Colón. Fue enviado a la ayudante del fiscal Andrea Goldberg. "Está excesivamente frío ahí, de acuerdo con mi cliente y mi propia experiencia durante las visitas", escribió la asistente legal sobre el Centro Correccional Metropolitano en Bajo Manhattan, abierto en 1975 y con cerca de 795 reclusos de alta peligrosidad. El edificio está encajado en una zona privilegiada en la Gran Manzana, entre la Iglesia de San Andrés y el Palacio de Justicia de los EE.UU. de hecho desde los pisos superiores del palacio de justicia se puede ver a los internos jugando al baloncesto en el área de recreación de la azotea, a donde la abogada Colón quería que su cliente tuviera acceso al menos un par de horas a la semana.

El 9 de mayo, la joven Colón –originaria de Puerto Rico y amante de las telenovelas mexicanas— presentó una petición para mejorar las condiciones de su cliente. El juez Brian Cogan pidió una postura de la Oficina de Prisiones (BOP, en inglés).

"El Gobierno está dirigido a responder antes del 5/23/2019", indica la orden en registros públicos. "Cualquier respuesta por parte del demandado vence el 30/05/2019. Ordenado por el juez Brian M. Cogan el 5/9/2019".

El objetivo central era permitir que se autorizara a "El Chapo" salir al aire libre al menos dos horas a la semana, además de permitirle comprar suficiente agua embotellada, ya que no le gustaba el sabor de la del grifo.

"Estoy escribiendo en nombre del acusado Joaquín Guzmán Loera para solicitar respetuosamente que la Corte ordene al BOP que permita al Sr. Guzmán tener al menos dos horas de recreación al aire libre a la semana", dice el documento entregado en exclusiva a *El Diario* en Nueva York. La petición especificaba también tener "acceso a la comisaría de población general, la posibilidad de comprar seis botellas de agua cada semana y acceso a un conjunto de tapones para los oídos", a fin de ayudar a "aliviar el dolor de oído y su capacidad para dormir".

En el documento de 11 páginas –que ingresó con el número 614 del caso– se recuerda que el tribunal aconsejó a la defensa acudir a la Corte ante posibles problemas administrativos con la BOP. La mayoría de las peticiones fueron rechazadas, pero al menos

Guzmán Loera tendría posibilidad de beber un poco más de agua embotellada.

Su pasado era una carga pesada para Guzmán Loera, quien nunca pudo unirse a quienes compartían aquel patio tipo terraza enrejado. La luz del día llegaba desde la pequeña ventana, pero –a decir de la defensa– era prácticamente nada. "El Chapo" debía habituarse a la luz artificial encendida 23 o 24 horas al día, según registros judiciales y entrevistas con abogados. Las ventanas de vidrio esmerilado no permiten vistas del exterior. Las cartas de su esposa podrían haber sido un gran alivio, pero ninguna autoridad confiaba en él y, quizá como una estrategia en su contra, dejaron que Coronel y Guzmán Loera se escribieran.

***

En mayo de 2017 se desconocía públicamente la relevancia de las cartas entre Guzmán Loera y sus examantes y exsocios. Sin la posibilidad de poder hablar, ver o tocar a su esposa, la defensa de "El Chapo" pidió al juez Cogan algunas concesiones, incluidas que al menos pudiera estar entre la población en general. Nuevamente el pasado del exlíder del Cártel de Sinaloa pesaba sobre él. Había un justificado temor a que escapara, incluso de una prisión de máxima seguridad del Primer Mundo. ¿Le daban demasiado crédito a su astucia? Quizá no, pero los fiscales no dieron nada por sentado, aunque algunas de las prácticas comunes de "El Señor" les ayudarían en el juicio… y vendrían de su puño y letra.

"Sería difícil presionar al Tribunal para que no reconozca que el segundo escape ampliamente publicitado del acusado de una instalación de máxima seguridad mexicana se realizó bajo vigilancia de video 24 horas al día en confinamiento solitario", escribió el juez Cogan en mayo de 2017. La lucha de la defensa no terminó ahí. Quería que Guzmán Loera pudiera reunirse de cuando en cuando con Coronel y sus gemelas. El juez fue claro: se podían escribir cartas, las cuales serían revisadas por el equipo de la fiscalía para asegurarse de que no se enviaran mensajes codificados a sus socios narcotraficantes desde las rejas, coordinar una fuga o dirigir un ataque contra posibles soplones. En las misivas, "El Chapo" solamente podía hablar con su esposa sobre la contratación y el pago de abogados, incluso podría haber mensajes "personales", algo que Guzmán Loera habituaba en sus misivas.

Un reporte de *El Diario* en Nueva York del 6 de febrero, a pocos días de que terminara el juicio, recordó que Coronel podía escribirle a su esposo. Ella leyó la historia y se dijo sorprendida. Afirmó que nunca escribió porque sabía que no las entregarían.

"Yo no recibí cartas… ya no quise escribirle, porque no se las entregaban", afirmó sorprendida. "Si no las iban a entregar, ¿para qué autorizaron las cartas?", cuestionó. "No sé qué sucedió". Su sorpresa fue mayor al ver proyectada en la sala de audiencias una misiva "perdida" analizada por el experto en examinación de documentos John Paul Osborn. El especialista debía confirmar que las misivas enviadas por Guzmán Loera a su compadre López Núñez y a su examante Sánchez López, eran realmente de "El Chapo".

Coronel sabía que podía escribirle a su esposo, pero afirma que no lo hizo y tampoco recibió nada de su puño y letra. No quiso presionar a sus abogados sobre el asunto. "No quise fastidiar más con eso", indicó. "Había cosas más importantes que las cartas". Se refería a la complejidad de preparar el caso, especialmente con Guzmán Loera sin hablar inglés y con la mayoría de los abogados sin entender español. Mariel Colón sirvió como ese puente.

¿Es común que los fiscales retengan evidencia sin reportarla? Sí, reconoció el profesor de Derecho de la Universidad de Columbia, Daniel Richman, quien se desempeñó como fiscal federal en la Oficina del Fiscal de los Estados Unidos para el Distrito Sur de Nueva York. Explicó que los fiscales pueden utilizar esta información obtenida en forma legal, como habría sido el caso, teniendo a alguien que leyera la misiva antes de entregarla a Coronel y utilizarla para analizar. La defensa lo supo también después de ese proceso, así que es de extrañar que la esposa de Guzmán Loera no reconociera la misiva. Cuando la vio proyectada en la sala le llamó la atención. Miró la pantalla con detenimiento tratando de entender a qué carta se refería el experto Osborn.

***

Prueba 809-1R.2
08-CR-466 (BMC)

Remite Joaquin Guzman L.
MCC New York MCC
Metropolitan Correctional Center
150 Park Row
New York NY 10007

Hca. La Campiña
Calle Abetos Privada Abeto
No. 2232 Int. 2 La Campiña
Cod. Postal 80060
Culiacán, Sin, México

6-5-2017
para mi esposa Emma que amo y quiero mucho con mucho amor te escribo esta carta espero que al recibirla...
y toda la familia que son mis mas...
por otro lado..
para seber como...
ase unos dias me...
ca...
que..
quiero mucho mucho saludame mucho...

Joaquin Guzman L. (sic)

6-5-2017
para mi reynita y bien... Emmanaly...
esta cartita a mi niña la...
papá le ase cariños a su niña Mali que... (sic)

6-5-2017
para mi Reynita maria Joaquina que amo y quiero mucho...
asta pronto tu papa

Joaquin Guzman L. (sic)

La 809-1R.2 no es una carta. Son tres. Están remitidas, según el sobre, a Emma Coronel, el 5 de mayo de 2017, Guzmán Loera había escrito una misiva a su esposa, otra a su hija Emaly y una a María Joaquina, las gemelas que sorprendieron en la Corte de Brooklyn. La esposa del narcotraficante afirma que no recibieron las cartas de las que se leen apenas unas cuantas palabras. Las suficientes para contener letras clave que muestren la caligrafía y estilo de "El Señor", mostradas sin censura en las cartas enviadas a su compadre "El Lic" y a "La Chapodiputada".

La primera referencia a esa prueba se dio a conocer durante el testimonio del agente del FBI Stephen Marston, quien explicó varios documentos relacionados con el sistema de comunicación del Cártel de Sinaloa. Las fichas técnicas de varios personajes incluyeron la de Emma Coronel, integrada en la prueba 511-4, donde se mencionaron las cartas que su esposo le envió a ella y a sus hijas desde la prisión de Manhattan. Durante el testimonio ni los fiscales ni el testigo dieron mayor relevancia a ese dato porque los acusadores tenían preparado un testimonio más contundente sobre ello.

***

El 28 de enero de 2019, los fiscales federales presentaron a uno de sus expertos, John Paul Osborn, un examinador forense de documentos. No se trata de un especialista en explicar qué siente o cómo piensa una persona cuando escribe. Su labor va más allá: determinar que ciertos documentos son realmente de quienes se afirma que son. Las cartas de Guzmán Loera a sus examantes y exsocios pudieron haber sido escritas por cualquiera, pero Osborn debía explicar porqué aquellos documentos fueron creados por Guzmán Loera. Los mensajes sentimentales tenían un valor importante, debido a que sustentaban la relación entre el remitente y el destinatario. Más allá de eso, las cartas contenían información clave sobre el tráfico de droga y armas, lavado de dinero y otras acciones relacionadas con el narcotráfico, como se ha descrito.

Osborne heredó de su padre la profesión como examinador de documentos. "Desde 1910, la familia Osborn ha sido líder en el campo del examen de documentos forenses. John Paul Osborn, que ahora dirige la práctica, realiza exámenes", señala la presentación en la página web del servicio Osborn & Son. El experto –cuya oficina se encuentra en el condado de Middlesex, Nueva Jersey— ha participado desde 1982 en casos civiles y criminales en cortes estatales y federales. Está certificado por la *American Board of Forensic Document Examiners*, es miembro y presidió la *American Society of Questioned Document Examiners* e igualmente está afiliado a la *American Academy of Forensic Sciences*. Las credenciales son irrefutables, pero la defensa tenía que hacer un esfuerzo para descalificarlo. El abogado William Pupura lo intentó, insistiendo en el pago de $7000 dólares por sus servicios para desestimar su experiencia como "experto en grafología", aunque no fue presentado como tal. "¿Su área de experiencia es una ciencia?", preguntó Purpura. "No", respondió Osborn. "Es más bien una habilidad, ¿verdad?" El experto estuvo a punto de responder sin perder la calma, seguro de sus credenciales, pero fue le juez Cogan quien salió en su defensa, apuntando que los cuestionamientos, las dudas, no tenían sustento. "Es claro que el señor Osborn tiene las cualificaciones", dijo el juez.

El abogado defensor tuvo la intención de mostrar como "manipulada" la opinión del experto, al hacer cuestionamientos sobre su participación desde la parte acusadora. "También he atendido casos de la defensa", refutó Osborn, quien en aquel momento tenía en su haber 280 expedientes revisados con cientos de documentos de por medio, además de haber testificado 215 ocasiones en cortes, incluidos juicios en California e Illinois.

Purpura volvía al ataque y consideró que las conclusiones de Osborn eran "cuestionables", incluso preguntó al examinador si hablaba español, debido a que las cartas estaban escritas en ese idioma. "No entiendo español… no pude hacer esa examinación", reconoció, pero defendió que hizo comparativos de palabras y letras sin necesidad de entender el idioma.

Sin embargo, el defensor no quería perder su batalla, así que cuestionó si sabía de quién eran los documentos. Osborne afirmó que sí. Purpura expuso que pudo haber un "prejuicio" en sus conclusiones. El examinador rechazó el argumento y asestó: "Todo mundo tiene cierto nivel de prejuicio". El abogado volvió a la carga, cuestionando si las condiciones de encierro pueden hacer que una persona escriba en forma distinta. "Es posible", dijo Osborne. "Pero en este caso no", refutó.

El abogado defensor se quedó sin preguntas que hicieran al jurado dudar de la importancia y validez del testimonio. Lo curioso es que hasta el propio

Guzmán Loera estaba impresionado por la explicación del experto, ya que a diferencia de cuando acudieron otros especialistas, con Osborn, el líder del Cártel de Sinaloa no se distrajo; escuchó las explicaciones técnicas de su escritura, los patrones que repite con su caligrafía, los elementos que podrían resultar "extraños" o poco comunes, incluso si su firma pudo ser o no "falsificada", si escribió bajo presión o libremente.

La presentación de Osborn ayudó a los fiscales a demostrar que las cartas escritas de puño y letra de "El Chapo" realmente podrían considerarse como documentos con parámetros únicos, de una misma persona. Osborn apuntó que revisó "reproducciones de las reproducciones" de los documentos, pero que sometidos a diversas pruebas podrían revelar patrones de escritura, incluidos "espacios entre letras", "formas de las letras", "combinaciones de las letras". A cada explicación, "El Chapo" miraba al experto y luego mantenía la vista en la proyección en pantalla gigante.

El testimonio de Osborn incluyó explicar documentos con palabras seleccionadas, como "amor", "esto", "familia", "como", "muchacho" y la firma de Guzmán Loera. Su análisis llegó a la conclusión de que era "altamente probable" que las cartas fueron escritas por la misma persona.

Las palabras tomadas de las cartas enviadas por Guzmán Loera a su esposa a hijas eran de un "supuesto desconocido". El experto debía comparar los patrones de escritura y concluyó que eran de la misma persona, describiendo que quien escribió las cartas tiene una caligrafía poco usual en esta época, propia del sur de los Estados Unidos, además de que la letra "f" es elaborada con una especie de flecha;

que el escritor utiliza letras más grandes para simular las mayúsculas sin que lo sean, como con la "q". Sobre la firma en las cartas escritas desde la prisión en Manhattan dijo que parecía que alguien quiso imitarla, pero al revisar las letras y el espacio destinado a la signatura, en realidad la persona que escribió la misiva tenía un espacio "limitado" y ajustó su letra a ello.

***

"A mí me llamó la atención ver las cartas que presentaron (en la corte), como que vi algo... como a mi esposo", expresó Emma Coronel en entrevista para *El Diario*. Estaba decepcionada, curiosa de conocer el contenido. Parecía extraño que sus abogados no hubieran podido recuperar la carta. Afirma que le dijeron que estaba "perdida". Cuestionada al respecto, Mariel Colón dijo que en los paquetes de documentos que ella pudo revisar no estaba esa carta. "No sabemos dónde quedó", afirmó.

***

En la prisión de Colorado, "El Chapo" recibe la visita constante de ayudantes legales de su equipo de defensa, ellos hacen la labor que Mariel Colón hacía en la prisión de Manhattan, a donde iba a verlo prácticamente todos los días durante dos o tres horas, a platicar "de cualquier cosa", básicamente a "hacerle compañía". Había dos razones: el narcotraficante estaba aislado y no hablaba inglés, así que era prácticamente imposible hablar con alguien. Su única compañía eran los canales de televisión en español donde veía telenovelas y otros programas. Repite esa rutina en la prisión de máxima seguridad en Colorado. Guzmán Loera ha aprendido algunas palabras en inglés, pero no las suficientes como para entablar una comunicación fluida. Por ello su equipo legal debe mantenerse en contacto constante. En aquella prisión ya recibió la visita de sus gemelas. Emma Coronel fue también al estado de las montañas rocosas, pero ella tiene prohibido ver a su esposo, a quien el equipo de defensa describe como un hombre amable y hasta cariñoso. Su personalidad, aún en el encierro, parece no haber cambiado mucho.

***

La historia de amor de Guzmán Loera y Emma Coronel no ha terminado públicamente. Ella tiene planes sobre su propia carrera. Su vida está estigmatizada. No puede verlo ni hablar con él, pero eso no la detiene para mostrar una vida de diversión y proyectos futuros. Durante el juicio ella podía verlo de lejos. Vistieron sacos de terciopelo color vino en alguna de las audiencias, como una afrenta a la "Chapodiputada", la examante del narcotraficante. Emma sonreía aquel día. Él le enviaba besos y abrazos con señas. "Para mi esposa Emma que amo y quiero mucho con mucho amor te escribo esta carta", serían las últimas palabras que leería de él. Tenía certeza de que no tendría qué preocuparse por escribirle. "No tendré que escribirle, porque Joaquín va a volver a la casa", afirmó. El jurado decidió lo opuesto y la sentencia parece infinita, más allá de la duda razonable.

www.ingramcontent.com/pod-product-compliance
Lightning Source LLC
Chambersburg PA
CBHW032051020426
42335CB00011B/293

9781952336034